新村星火

解放战争时期的新村革命根据地

张振林题签

嘉禾墨

中共广州市白云区嘉禾街工作委员会 编

南方日报出版社
NANFANG DAILY PRESS
中国·广州

图书在版编目（CIP）数据

嘉禾星火 / 中共广州市白云区嘉禾街工作委员会编 . — 广州 : 南方日报出版社 , 2023.3
ISBN 978-7-5491-2685-9

Ⅰ . ①嘉… Ⅱ . ①中… Ⅲ . ①城市道路—史料—白云区 Ⅳ . ① K296.54

中国版本图书馆 CIP 数据核字 (2023) 第 030997 号

JIAHE XINGHUO
嘉禾星火

编　　者：中共广州市白云区嘉禾街工作委员会
出版发行：南方日报出版社
地　　址：广州市广州大道中 289 号
出 版 人：周山丹
出版统筹：阮清钰
特约策划：段仪姿　陈德稳
责任编辑：蔡　芹
责任校对：阮昌汉　朱晓娟
封面设计：知识空间
内页设计：梁春薇
责任技编：王　兰
经　　销：全国新华书店
印　　刷：广州市新怡印务股份有限公司
开　　本：787mm×1092mm　1/16
印　　张：12.5
字　　数：212 千字
版　　次：2023 年 3 月第 1 版
印　　次：2023 年 3 月第 1 次印刷
定　　价：58.00 元

投稿热线：（020）87360640　　读者热线：（020）87363865
发现印装质量问题，影响阅读，请与承印厂联系调换。

本书编委会

顾　　问：张　实

主　　编：张丹莉

副 主 编：许　攀　刘　欢

编　　委：戚小明　林浩俊　陈景嘉　黄　伟

序一

一部纵贯百年的中共党史，是党树立理想信念、精诚团结、不懈奋斗、一步步走向成功的光辉历史。“其作始也简，其将毕也必巨。”党从创立走到今天已历百年，党员从50多人发展到9000多万人。百年党史中，涌现了无数光照千秋的英雄人物，产生了大量感人至深的红色故事，这永远是我们的宝贵精神财富，是团结奋斗、开创未来的伟大精神力量。

广州是一座英雄城市。180多年前，三元里的烽火揭开近代反帝爱国斗争的序幕；110多年前，黄花岗志士吹响了摧毁封建王朝的号角；100年前，中共三大在广州举行，确定了建立革命统一战线策略，促进了第一次国共合作建立，推进了反帝、反封建国民革命运动，奠定了广州作为大革命的策源地和中心的历史地位；国民党反动派背叛革命时，1927年12月，共产党人又在广州举行规模盛大的武装起义，开创了城乡配合、工农兵联合举行武装起义、建立城市苏维埃的先例；土地革命、全面抗战、解放战争时期，广州持续开展前仆后继、英勇卓绝的革命斗争。1949年新中国成立以后，广州在社会主义改造和建设中发挥了重要作用。改革开放以来，在推动改革发展、对外开放中，广州始终走在时代的前列，发挥一马当先的作用。百年广州党史，是一部生动的、蕴含着深刻的教育启迪意义的教科书，为我们坚定革命理想、信念，传承革命优良传统作风，提供了宝贵的资源和遗产。

作为广州市的中心城区，白云区拥有光荣、悠久的革命传统和丰富的红色文化资源。近代以来，大批仁人志士在此留下了可歌可泣、动人心魄的革命故事。鸦片战争时期，这里是三元里抗英的主战场；大革命时期，一批工农、革命知识分子在这里积极投身革命运动；抗日战争时期，白云区民众奋起抗日；解放战争时期，这里是对敌斗争的前沿阵地。在白云区嘉禾街，矗立着一座镌刻“新科上下新村为解放战争时期革命根据地”的石碑，它记录了一段嘉禾军民同仇敌忾、英勇斗争的历史。这不仅在嘉禾，而且在广州党史上，都是具有重要意义的一页篇章。

近年来，嘉禾街党工委高度重视红色历史文化资源的保护和开发，深入挖掘嘉禾革命历史，特别是解放战争时期嘉禾人民反抗国民党反动统治、争取和平民主、迎接广州解放的历史，大力打造红色历史文化展馆——红旗坊，出版连环画——《嘉禾记忆》，拍摄系列访谈录——《嘉禾烽火》等，以嘉禾革命斗争历史为切入点，展现高尚的理想信念、不屈的斗争精神、浓厚的家国情怀，让身边的红色故事“活”起来，让身边的红色题材“火”起来，让红色基因绽放新的时代光芒。

为进一步把嘉禾的革命故事讲好，嘉禾街党工委组织专业团队，在广泛查阅历史文献档案、走访知情人和党史专家、严肃认真整理解放战争时期嘉禾及其周边地区革命斗争史实的基础上，编撰这本《嘉禾星火》。本书史料丰富翔实，在写作上运用以小见大、见微知著的叙述描写以及独具地方特色的内容呈现，着力展现丰富生动的革命故事和鲜活的革命人物，推动并深化了白云区乃至广州党史、革命史研究，不失为一本富有浓郁地方特色的党史读物。

曾庆榴

2023年2月

（作者系中共广东省委党校教授）

序二

一个民族的复兴需要强大的物质力量，也需要强大的精神力量。近代以来，中华民族从磨难中奋起、从民族危亡走向民族复兴的历程，也正是民族精神焕发活力、走向复兴的历程。中国共产党自从成立之日起，就以重塑民族精神信仰为己任，在百年奋斗中创造了以伟大建党精神为源头的中国共产党人精神谱系，为民族复兴提供了强大精神支撑。当前，岭南大地正乘着中国式现代化的强劲春风，吹响了推进高质量发展的时代号角。伟大事业孕育伟大精神，伟大精神引领伟大事业。推动高质量发展需要我们弘扬好、用好红色资源，以伟大建党精神为引领，建设好广大党员干部共有的精神家园，汇聚起干事创业的澎湃精神动力。

存史启智，以文化人，是建设精神家园的重要途径。广州是大革命的策源地和中心，历史底蕴深厚、红色资源丰富，红色印迹遍布云山珠水。白云区原为广州市郊区，是中国近代史上第一次人民自发的武装抗击外国侵略者战斗——三元里抗英的发生地，向来具有光荣的革命传统，一批批革命先辈在此书写了敢于斗争、不怕牺牲的壮丽诗篇。回顾白云区的红色历史，一代又一代中国共产党人在这里顽强拼搏、不懈奋斗，涌现了一大批视死如归的革命烈士、一大批顽强奋斗的英雄人物、一大批忘我奉献的先进模范，为我们留下了宝贵的精神财富。

在白云区光辉的红色历史长河中，嘉禾街新科上下新村解放战争革命根据地的故事，是值得我们铭记的。解放战争时期，嘉禾新村所处的禺北地区是对敌斗争的前沿。中共番禺县工委先后派出一批党员来到新村，以教师身份为掩护，以学校为革命据点，宣传革命思想，深入发动群众，组建革命组织，开展武装斗争，为广州解放作出了贡献。近年来，在白云区委区政府的坚强领导下，嘉禾街党工委、办事处依托新村革命根据地这一珍贵的红色资源，精心打造出红旗坊红色历史文化展馆，将其建设成富有地方特色的党性教育实践基地、革命传统教育基地、爱国主义教育基地和青少年思想道德教育基地。同时，先后出版红色主题连环画《嘉禾记忆》，拍摄革命后人访谈录《嘉禾烽火》，综合运用多种形式让红色资源从“活起来”到“火起来”，为全区城市基层党建创新和党员干部精神家园建设树立了典范。

古人云:“度之往事，验之来事，参之平素，可则决之。”熟知身边的红色历史、用好身边的红色历史，把苦难辉煌的过去、日新月异的现在、光明宏大的未来贯通起来，在开拓创新中不断筑牢理念信念根基、厚植国家民族情怀、践行为民服务宗旨，构建起堪担重任的人生观和价值观，是新时代对广大党员干部的要求。《嘉禾星火》一书的出版，为我们提供了一个很好的历史读本和实践指引。一枝独秀不是春，万紫千红春满园。希望越来越多的基层党组织、越来越多的党员干部、越来越多的优秀人才能够参与到保护利用红色资源这项工作上来，共同讲好红色故事、传承红色基因，为推动中国式现代化建设提供更主动、更强大的精神力量。

赵虎

2023 年 2 月

（作者系中共广州市白云区委常委、组织部部长）

前言

广州是一座写满了光辉历史的英雄城市，拥有丰富和珍贵的红色资源。位于白云区嘉禾街道的新村革命根据地，是中国共产党人在领导人民群众推翻帝国主义、封建主义和官僚资本主义三座大山，追求民族独立和人民解放的伟大斗争中建立起来的众多革命根据地之一，是中国革命根据地创建发展史中的一朵绚丽浪花。

解放战争时期，中共番禺县工委先后派出一批党员到新村及其所处的禺北地区，以教师身份为掩护，以学校为革命据点，深入发动群众，建立党团组织，组建武装力量，开展游击战争，带领群众为广州解放作出了自身的贡献。20 世纪 90 年代，经广州市白云区评划，广东省人民政府批准，新村被评定为“解放战争时期游击区（老区）”，新村红色历史逐渐为人熟知。

近年来，嘉禾街党工委加大对红色资源的抢救和保护力度，以一座“新科上下新村为解放战争时期革命根据地”石碑为起点，深入挖掘新村革命根据地的创建及发展历程，通过老旧建筑更新和人居环境改善，精心打造“红旗坊”红色历史文化展馆，使红色文化资源保护工作与城市更新工作有机融合、相得益彰，“红旗坊”红色历史文化展馆成为广州极具特色的爱国主义教育基地和中共党史教育基地。

为了进一步挖掘新村的红色历史，讲好党的故事、革命的故事、根据地的故事、革命先辈的故事，传承光荣的革命精神，激励人们在新时代奋发进取、有所作为，在上级部门的指导支持下，嘉禾街党工委积极推进本书的研究创作工作，组建专业编撰团队，广泛搜集权威文献档案，走访革命后人和党史专家，综合运用史料挖掘、回忆录整理、口述历史访谈、插画创作等丰富多样的形式，梳理新村革命根据地的创建和发展史，谱写一曲革命志士与嘉禾人民患难与共、鱼水情深的乐章，再现革命先辈在这片土地上不畏艰险、敢于斗争的革命历程。

目录

第一章

中国革命根据地的创建与发展

在中国革命的伟大历程中，革命根据地在土地革命时期、全面抗战时期和解放战争时期都发挥了重要的历史作用。它是治国安邦人才的培育地，也是党在全国执政的实验地。革命根据地的建立，为中国共产党领导新民主主义革命取得最终胜利奠定了坚实的基础。

以井冈山革命根据地的建立为标志，中国共产党从中国实际情况出发，将革命的重心转移到敌人统治力量相对薄弱的广大农村，发动农民开展土地革命，建立红色政权，开展游击战争，创建发展了党领导的军队和革命根据地，使中国革命走上了“农村包围城市、武装夺取政权”的正确道路。

第一节　不同历史时期的中国革命根据地

中国革命根据地的建立和发展，经历了土地革命、全面抗战和解放战争三个历史时期。因斗争形势和斗争任务不同，各历史时期革命根据地的称谓也有所区别。土地革命时期的革命根据地一般称为“革命根据地”；到了全面抗战时期，革命根据地一般被称作“抗日民主根据地”或“抗日根据地”，后期也称作“解放区”；在全国解放战争时期，革命根据地则一般称为“解放区”[1]。在不同的历史时期，革命根据地都发挥着重要的作用。

一、土地革命时期的革命根据地

1927 年，蒋介石、汪精卫先后发动反革命政变，实行“清党”“分共”。为反抗国民党反动派的屠杀政策，挽救中国革命，中国共产党先后发动了南昌

[1]　谭克绳主编：《中国革命根据地史》（上），福州：福建人民出版社，2007 年，第 2 页。

起义、秋收起义、广州起义三大起义以及其他各地的武装起义，起义后保存下来的革命武装，相继转入国民党统治力量相对薄弱的农村，开展游击战争，建立革命根据地。

1927 年 10 月，毛泽东率领秋收起义的工农革命军进入井冈山，创建井冈山农村革命根据地。1928 年 4 月下旬，朱德、陈毅领导的南昌起义部队和湘南起义农军 1 万余人陆续转移到井冈山地区，与毛泽东领导的部队会师，成立了工农革命军第四军（简称“红四军”）[1]。此后，毛泽东、朱德领导红四军连续击退了湘赣两省国民党军队的进攻，并总结出了“敌进我退，敌驻我扰，敌疲我打，敌退我追”的“十六字诀”，成为游击战争的基本原则。在这一原则的指导下，红四军不断取得胜利，井冈山革命根据地日益扩大。

1928 年 12 月，湘赣两省国民党军队又集结 3 万人的兵力，分五路向井冈山进攻。毛泽东、朱德、陈毅率红四军主力向赣南出击，后同从井冈山突围出来的红五军主力会合，并向闽西发展。1930 年春，赣南、闽西革命根据地建成，这两块根据地后来连成一片，发展成为中央根据地[2]。

这一时期，全国的革命根据地不断巩固和扩大。到 1930 年初，全国红军已有 13 个军，6.2 万多人。除毛泽东等领导的赣南、闽西根据地外，中国共产党还相继建立了湘鄂西、鄂豫皖、湘赣、湘鄂赣、闽浙赣、广西的左右江、广东的东江和琼崖等重要革命根据地。

在湘鄂西，贺龙、周逸群于 1928 年初将湖北洪湖和湘西桑植地区的几支农民游击队组织起来，建立新的革命武装，整编为工农革命军第四军。并于 1930 年 7 月在湖北公安与红六军会师，组成红二军团，部队扩大到 1 万余人，贺龙任总指挥，周逸群任政治委员。在鄂豫皖，1930 年初，中央决定成立鄂豫皖边特委，派郭述申任书记，统一领导鄂豫边、鄂东南、鄂西三块根据地，并成立

---

[1] 中共中央党史研究室:《中国共产党历史(第一卷)》(上),北京:中共党史出版社,2002 年,第 320 页。

[2] 《中国共产党简史》编写组编著:《中国共产党简史》，北京：人民出版社，中共党史出版社，2021 年，第 41–42 页。

红一军。在湘鄂赣，彭德怀、滕代远率领红五军从湘赣返回后，会合当地游击队，扩编为红三军团，彭德怀任总指挥和前委书记，滕代远任政治委员[1]。在琼崖，1928年8月12日，琼崖第一次工农兵代表大会选举产生了琼崖苏维埃政府，以王文明为主席，陈玉侯、梁秉枢、王克礼等为委员，琼崖革命根据地正式形成[2]。

1931年11月，中华苏维埃政府成立，一定程度上加强了党对各个根据地的中枢指挥作用，推动了各根据地的政权、廉政、司法、经济和党的自身建设，在政治上也产生了很大影响。各革命根据地呈现出生机勃勃的景象，伴随着土地革命的开展，党领导广大农民"打土豪、分土地"，让广大农民翻身得解放，也使中国人民看到了光明和希望[3]。

土地革命时期农村革命根据地的创建和发展，是以毛泽东为代表的中国共产党人所开创的农村包围城市道路的具体体现，是半殖民地半封建国家人民革命的一个创造，为中国共产党领导人民夺取全国政权提供了丰富的斗争经验。

二、全面抗战时期的革命根据地

七七事变后，中华民族与日本帝国主义的矛盾成为中国社会的主要矛盾，中国共产党的路线和策略也转变为建立抗日民族统一战线，联合全国各民族、社会各阶级一切力量，抵抗日寇的侵略。

1937年8月，中共中央在陕北洛川城郊召开政治局扩大会议（即"洛川会议"）。会议通过《中国共产党抗日救国十大纲领》和毛泽东起草的《为动员

[1] 《中国共产党简史》编写组编著:《中国共产党简史》，北京：人民出版社，中共党史出版社，2021年，第46-47页。

[2] 中共广东省委党史研究室:《中国共产党广东历史　第一卷（1921—1949）》，北京：中共党史出版社，2021年，第233-234页。

[3] 《中国共产党简史》编写组编著:《中国共产党简史》，北京：人民出版社，中共党史出版社，2021年，第50-52页。

一切力量争取抗战胜利而斗争》宣传鼓动提纲[1]，确定了“在敌人后方放手发动独立自主的山地游击战争，配合正面战场，开辟敌后战场，建立敌后抗日根据地”[2]的战略任务，为实现党对抗日战争的领导权和争取抗日战争的胜利指明了正确道路。

华北地区是中国抗日战争的主要战场。洛川会议后，八路军即向华北挺进，开展游击战争，先后在华北地区创建了晋察冀、晋绥、晋冀豫、冀鲁豫、山东等抗日民主根据地[3]，为抗战的胜利作出了重大贡献。

在华北敌后抗战的战略展开后，中共中央很快就把工作重点转移到华中地区。1938年9月，中国共产党在延安举行扩大的六届六中全会。会议确定了“巩固华北，发展华中”的方针。在这个方针的指引下，华中地区的抗日游击战争进入了蓬勃发展阶段，至1941年初，苏南、皖中、皖东、皖东北、豫皖苏、苏北、苏中、豫鄂等8个抗日根据地先后创建，根据地人口达到1400多万[4]。

1939年1月，中共广东省委在韶关召开扩大会议，会议决定：党的工作重点放在琼崖和东江两大地区，以此作为华南地区长期抗战的重要根据地[5]。在中共广东省委的直接领导下，琼崖和东江地区人民积极开展抗日活动，组织抗日武装，开展游击战争，创建了琼崖抗日民主根据地、东江抗日游击根据地，配合了华中、华北地区抗日根据地军民的战斗，具有重要的战略意义[6]。

1938年冬至1940年，中国共产党领导的敌后抗战牵制和阻击了大量侵华日军，人民抗日力量不断成长壮大。至1940年底，中国共产党在华北、华中、华南地区创建了16块抗日民主根据地，中国共产党领导的武装部队发展到50万

---

[1] 《中国共产党简史》编写组编著：《中国共产党简史》，北京：人民出版社，中共党史出版社，2021年，第75页。

[2] 谭克绳主编：《中国革命根据地史》（下），福州：福建人民出版社，2007年，第498页。

[3] 谭克绳主编：《中国革命根据地史》（下），福州：福建人民出版社，2007年，第508页。

[4] 谭克绳主编：《中国革命根据地史》（下），福州：福建人民出版社，2007年，第540–541页。

[5] 谭克绳主编：《中国革命根据地史》（下），福州：福建人民出版社，2007年，第563页。

[6] 谭克绳主编：《中国革命根据地史》（下），福州：福建人民出版社，2007年，第569页。

人（东北抗日联军未计算在内），还有大量的地方武装和民兵，在全民族抗战中发挥着日益重要的作用[1]。

在全民族抗战中，中国共产党领导的革命力量空前壮大，八路军、新四军和其他人民武装对敌作战12.5万余次，钳制和歼灭日军大量兵力，歼灭大部分伪军，敌后战场逐渐成为中国人民抗日战争的主战场。到抗战结束时，人民军队已发展到约132万人，建立了从华北到海南的19块解放区，面积近100万平方公里，人口近1亿[2]。

开辟和建设敌后抗日根据地，是中国共产党在抗日战争中的一项重大决策，为中华民族的独立与解放奠定了坚实的基础。

三、解放战争时期的革命根据地

抗日战争胜利后，中国共产党将已建立的19块抗日民主根据地统一改称为解放区。中共中央提出了“向北发展，向南防御”的战略方针，为贯彻执行这一方针，除保卫原有解放区外，中共中央还秘密从山东、苏北、陕甘宁等地抽调部队和干部，集中力量控制东北，创建了东北解放区。

全面内战爆发后，解放区人民军队粉碎了国民党军的全面进攻，打破了其对山东和陕北的重点进攻，并在晋冀鲁豫、晋察冀、东北等战场转入局部反攻[3]。为了夺取战略主动权，使解放区获得喘息机会，1947年8月，刘邓大军挺进大别山，重建了中原解放区。东北和中原两大解放区为解放军夺取全国胜利创造了有利条件。

---

[1] 《中国共产党简史》编写组编著：《中国共产党简史》，北京：人民出版社，中共党史出版社，2021年，第86页。

[2] 《中国共产党简史》编写组编著：《中国共产党简史》，北京：人民出版社，中共党史出版社，2021年，第109–110页。

[3] 《中国共产党简史》编写组编著：《中国共产党简史》，北京：人民出版社，中共党史出版社，2021年，第118–119页。

人民军队转入战略进攻阶段后，相继扩展了西北解放区、发展了华东解放区、巩固了华北解放区、扩大了东北解放区。辽沈、淮海、平津三大战役结束后，解放区得到迅猛发展，东北、华北、西北、中原、华东等片区逐步连成一片。

中国共产党在解放区积极发展壮大党组织，开展整党运动，整顿解放区农村党的基层组织，巩固和加强党的思想组织作风建设，发展解放区的民主政治和革命政权，建立起廉政制度，全面开展土地改革，发展农业、工商业[1]，使解放区实现从半殖民地半封建社会向新民主主义社会的成熟稳步过渡。

1949 年 3 月 5 日至 13 日，中国共产党七届二中全会在西柏坡村召开，大会通过相关决议，确定党的工作重心将由乡村转移到城市。新中国成立前夕，全国除西南、两广外的大部分地区都得到解放。

[1] 谭克绳主编：《中国革命根据地史》（下），福州：福建人民出版社，2007 年，第 890 页。

第二节　解放战争时期的华南游击区

抗日战争后期，华南地区先后建立起由中国共产党领导的东江纵队、珠江纵队、韩江纵队、琼崖纵队、广东（中区）人民抗日解放军、南路人民抗日解放军等华南抗日游击队，广泛活跃在粤赣湘边、闽粤赣边、桂滇黔边、粤桂边、粤桂湘边、海南琼崖等游击区。这些抗日武装开辟了华南敌后战场，坚持战斗直至抗日战争结束。

一、恢复武装斗争

抗战胜利后，中国共产党提出“向北发展，向南防御”的方针，并在重庆谈判期间，提出将南方8个解放区的武装撤至陇海路以北及苏北、皖北的解放区。根据国共两党签订的《双十协定》以及经谈判达成的关于广东的中共武装人员北撤山东的具体协议，东江纵队的部分骨干于1946年6月北撤，华南抗日游击队其余武装人员则大部分复员，或分散在各地开展隐蔽斗争。

全面内战爆发后，华南国民党当局加紧剥削统治，普遍施行“征兵、征粮、征税”政策，致使民怨沸腾，人民群众反抗情绪日益高涨。1946年11月6日，中共中央南京局发布《给南方各省工作的指示》，向南方各省指明两种工作方针，“一是凡有可能建立公开游击根据地者应立即建立公开游击根据地，原有各根据地如海南岛，如南路、中路、西江、北江、东江、闽南、闽西应鼓励原有公开或半公开武装，紧紧依靠群众继续奋斗。二是尚未成熟的地区采取隐蔽待机方针，以待条件成熟”[1]。

鉴于当时华南地区敌我力量悬殊，中共广东区党委在《关于恢复武装斗争的决定》中提出“实行小搞，准备大搞，从无到有，从小到大，稳步前进”的战略方针，趁国民党正规军北调之机，以“反征兵、反征粮、反征税”为号召，恢复和发展华南地区的武装斗争。

二、发展赤色割据

1947 年 1 月，中共广东区党委在香港湾仔召开区党委扩大会议，方方作了《当前时局的特点》和《关于广东形势和赤色割据问题》的报告，分析广东当前的斗争形式，认为广东革命斗争的胜利首先出现在农村，而要实现农村的胜利，则要敢于在广东造成“赤色割据”。“赤色割据”的建立，一是要靠山地，特别是边区的山地，建立基础，向平原发展；二是要靠群众，与群众斗争结合起来；三是要适当领导两面政权，并注意平原工作和农村的反蒋统线工作，以免陷于孤立；四是要以梅花点的发展形式来建立赤色割据，要照顾全面，也要掌握中心[2]。

同年 4 月，方方、尹林平将华南地区分为粤桂边、粤桂湘边、粤赣湘边、闽粤赣边、琼崖 5 个战略单位，之后又增加桂滇黔边、粤中区 2 个战略单位，提出“建立边界游击根据地”的战略方针，并组建边区党委及边区游击队。5 月 24 日，中共中央复电香港分局，同意华南地区的工作部署，并指出：“华南除琼崖外，应靠本身力量于年底建立起三四个成块的游击根据地，组织起几支中坚游击队

[1]　中共江苏省委党史工作委员会：《中共中央对南方各省工作的指示（1946 年 11 月 6 日）》，《中共中央南京局》，北京：中共党史出版社，1990 年，第 182 页。

[2]　中央档案馆、广东省档案馆编：《广东区党委会议对形势武装斗争及东纵北撤问题检查记录（1947 年春）》，《广东革命历史文件汇集（广东区委文件）1946.1—1947.7》，内部资料，1989 年，第 307 页。

伍，准备迎接与配合明年北方人民解放军的全面进攻。”[1]

香港分局于是派出大批干部到上述地区建立党的领导机构，加强对游击战争的指导。华南地区的武装斗争得到壮大，赤色割据取得一定成效，较好地配合了解放战争。

三、在反“清剿”中扩大武装

经过一段时间的武装斗争，华南7个战略单位的游击队均得到飞跃式发展。在解放战争战场上，人民解放军转入战略大反攻。而在华南敌后战场，国民党反动派加紧实施针对华南人民游击队和游击区的“清剿”。

在此形势下，中共中央香港分局于1948年2月向各地发出《粉碎蒋宋进攻计划，迎接南征大军的指示信》（又称“二月指示”），针对宋子文主政广东时期提出的“分区扫荡、重点进攻”清剿计划，提出“普遍发展、大胆进攻”，“以进攻消灭敌人的进攻，以发展消灭敌人的进攻”的斗争总方针，要求各地普遍发展地方武装和扩大民兵，建立主力部队、游击据点以至根据地。

根据这一方针，华南各边区游击队开展大规模的游击活动，以分散敌人力量，扰乱敌人的重点进攻。在敌人重点“清剿”的地区，抽出主力冲出包围圈，转移外线作战，发展游击新区。华南人民游击队在反“清剿”斗争中逐渐壮大，到1948年底，已发展成为拥有4.594万人的作战队伍[2]。

[1] 广东省档案馆、中共惠州市委党史办：《粤赣湘边区革命史料》，广州：广东人民出版社，1989年，第100页。

[2] 陈立平：《解放战争时期华南游击纵队的建立、发展及其历史作用》，《军事历史研究》1993年第1期，第49页。

四、建立华南解放总基地

根据中共中央“1949 年应是南方游击战争和游击根据地军事发展的一年”的指示及华南地区的斗争形势，中共中央香港分局制定了“全面发展，重点巩固”的方针，要求各地区迅速完成大块根据地的建立，华南地区的人民武装由此进入新的发展阶段。

随着琼崖纵队、粤赣湘边纵队、闽粤赣边纵队、桂滇黔边纵队、粤中纵队、粤桂边纵队和粤桂湘边纵队相继建立和壮大，华南人民解放斗争的星星之火发展为燎原之势。战略决战后，建立华南解放基地、迎接南下大军、全面解放广东和华南成为广东党组织的中心任务。

1949 年 5 月 7 日，中共中央华南分局（前身为“香港分局”）发布《对大军渡江后华南工作的布置》，提出“在大军未到达以前，我们必须将农村完全解放，控制在我手内，以便到时大军可集结力量解决城市工作及追歼残敌”[1]。按照指示，粤赣湘边纵队与闽粤赣边纵队协同合作，联结东江和韩江两个中心的两大块根据地，形成解放华南的总基地；并配合人民解放军在全国范围内的进攻，相继向华南地区的国民党反动派发动“春季攻势”和“夏季攻势”，瓦解敌人的地方武装，发展壮大游击队伍，打破了国民党将华南地区视作最后的“统治堡垒”的计划。

自内战爆发以来，中共中央香港分局根据华南地区的实际情况，从号召“隐蔽待机”到“实行小搞，准备大搞”，从发展赤色割据再到建立华南解放总基地，从组建武工队游击小组到放手发动群众开展游击战争，逐步推动华南游击根据地的建设，壮大华南人民武装力量，有效地推动了华南解放的胜利进程。

---

[1]　中共中央华南分局：《对大军渡江后华南工作的布置》（1949 年 5 月 7 日），广东省档案馆编：《华南党组织档案选编》，内部资料，1982 年，第 220 页。

五、解放战争时期的禺北（今白云区）革命根据地

白云区既是近代三元里抗英的主战场，也是解放战争时期对敌斗争的最前沿。近代以来，一大批仁人志士在此书写了可歌可泣、动人心魄的革命故事，谱写了敢于斗争、不怕牺牲的壮丽诗篇。从艰难困苦的建党初期到轰轰烈烈的大革命时期，从烽火硝烟的抗战时期到气势如虹的解放战争时期，白云人民都有参与和见证。

1990 年，广东省人民政府同意开展评划解放战争革命根据地和确定老区乡镇、老区县工作。根据民政部办公厅相关文件和省政府办公厅《关于评划解放战争游击根据地和确认老区乡镇、老区县问题的复函》中的解放战争革命根据地标准，在 1945 年 8 月至 1949 年 9 月 30 日，具备“建立党组织，组织农民协会、民兵组织，建立人民政权，发动群众参军参战”四个条件，并坚持一年以上的地区[1]，可评为解放战争游击区（老区）。

根据广州市革命老根据地建设委员会办公室发布的《关于评划解放战争游击区和补划抗日战争根据地村庄的通知》，白云区新市镇上、下新村（今属嘉禾街道），同和镇马市岭自然村（今属永平街道）被评划为解放战争游击区（老区）。1996 年 11 月，补评同和镇握山自然村（今属同和街道）为解放战争时期游击区（老区）。

1. 新村革命根据地

新村分为上、下新村，位于嘉禾街道东北部，距街道办事处 1.3 千米，距市中心 10 千米，北接长湴村，西南邻科甲水村，东部与永平街道接壤。新村始建于明孝宗弘治八年（1495），距今已有 520 多年。开基祖越元杰公自广东南雄珠玑巷辗转迁徙到当时的广州府禺北创立新村。清乾隆四十五年（1780），永

[1] 广州市白云区革命老区发展史编委会编:《广州市白云区革命老区发展史》，广州：广东人民出版社，2021 年，第 17 页。

裕、应举、星照、恒敬、朝进等越氏诸公先贤东迁创立上新村，新村从此有了上、下新村之分。

解放战争期间，新村是中共禺北平原区委禺北中心支部的所在地，徐幽明、周伯尧、陈康、司徒彤、黄剑深、黄定中、华根堃、罗雨、胡荣干等一批地下党员在此留下了光辉的足迹，他们以学校为革命据点，宣传革命思想，发展党团组织，深入发动群众，开展武装斗争。新村的越敬派、越敬开、越润松、越德安等越姓村民先后走上革命道路。地下党员与村民携手建立起了农会、起义委员会、武工队、民兵组织及妇女会等组织，新村成为名副其实的革命堡垒[1]。

2. 马市岭革命根据地

马市岭村位于永平街道东北部，距街道办事处约 2 千米，村域占地约 0.07 平方千米。村庄始建于明清年间，何氏先祖太郎公原籍广东五华蕉岭，其后裔在清代迁至该地，逐渐形成以何姓为主要姓氏的马市岭村落，又因何姓为大姓，故又称何屋村、江坂屋村。

马市岭村是禺北地区游击队活跃的地区之一。1937 年春夏之间，中国共产党为了深入农村建设抗日民族统一战线，指派周伯尧、何秋林在马市岭自然村建立地下党支部。同时，中国农工民主党（简称“农工党”）的司徒卫中、梅日新、张建中等负责人也在该村建立了农工党支部。1938 年至 1949 年间，中共地下党组织将马市岭村作为游击队交通联络点和活动基地，地下党员以马市岭小学（何氏宗祠）为阵地，以教师身份为掩护，发展革命力量。该村先后有 10 位同志入党，他们在搜集敌军情报，开展反征粮、反征税、反土匪恶霸，迎接南下大军解放广州等革命斗争中作出了重要的贡献[2]。

---

[1]　广州市白云区革命老区发展史编委会编：《广州市白云区革命老区发展史》，广州：广东人民出版社，2021 年，第 17-19 页。

[2]　广州市白云区革命老区发展史编委会编：《广州市白云区革命老区发展史》，广州：广东人民出版社，2021 年，第 20-21 页。

3. 握山革命根据地

握山村位于同和街道中部，是同和街道办事处所在地。村庄始建年代不详，在何氏族人迁来之前，已有丁氏族人在此居住。因村落背靠白云山孖髻岭，地形险要，握白云山通途而取名为握山村。何氏始祖其明公于清雍正三年（1725）从紫金县清溪白石村迁至该地，因握山以何氏村民居多，故又称为何屋村。

1937 年春夏之间，司徒卫中、梅日新、王鸾凤、潘日荣、黄志深等 10 多位同志前往握山村开展扫盲和抗日救亡宣传工作，动员村民参加广州抗日青年团。1947 年初，李汉光、陈红娇、吕任远、黎荣民等地下党员以教师身份为掩护，以其明何公祠为根据地，开展革命活动。1949 年，广州东北郊人民游击队第三区队在握山村组建，16 名握山村热血青年报名参加游击队，他们在中共地下党组织的领导下建立起交通情报站，并为党组织和游击队筹集经费和物资。广州解放前夕，同和成立禺东人民解放委员会，村中青年游击队员何甘棠就任广州禺东人民解放委员会副主席，他们在维护地方秩序、发动群众支援前线、迎接广州解放的斗争中作出了重大贡献[1]。

[1] 广州市白云区革命老区发展史编委会编:《广州市白云区革命老区发展史》，广州：广东人民出版社，2021 年，第 19—20 页。

第二章 历史上的新村

第一节 建村始末

新村位于广州市白云区嘉禾街道东北部，西南临科甲水村，北接长湴村，东部与永平街道接壤，距街道办事处 1.3 千米，距市中心 10 千米。

明弘治八年（1495），新村越氏始祖元杰公从江西翻越南岭梅关到达南雄珠玑巷，辗转迁徙，定居此地。清乾隆四十五年（1780），逢康乾盛世，经济快速增长，新村人口也进入发展期。由于土地供应不足，为开拓新的生存空间，族人决定分居。永裕、应举、星照、恒敬、朝进等越氏诸公东迁，在距原新村东北一里地处创建上新村，新村从此又分为上、下新村，至今已有二百多年[1]。

清朝年间，新村尚有越、黄、钟三姓村民共同居住。到清朝末年，村中越姓男子达到 498 人，黄姓男子七八人，钟姓男子仅存 1 人。据里人越存诚于清光绪二十八年（1902）所作《新村乡志》记载：

> 广东广州府番禺县慕德里司，司治之东十里许，有村名曰新村。越黄钟三姓同居，统计男丁伍佰口，越族值四百九十八有奇，黄族值七八人。钟氏遗存一人，出外洋不知所终。有迹可循，越族萝岗堡二十四图十甲，属泰安社，又属钟镛社，又属十八社，黄族大田堡，村分上、下而居，隔一里之遥。[2]

由于时局混乱，战争不断，禺北盗匪横行，新村大量青壮年远走海内外，部分不知所终，部分定居海外，部分回乡繁衍。第二次鸦片战争至民国初年，

[1] 《越氏族谱》（上册）卷 12《新村新志》，2010 年。
[2] 《越氏族谱》（上册）卷 2《新村乡志》，2010 年。

一些青壮年被“卖猪仔”到美洲开矿、伐木、修铁路；民国时期，村民多前往东南亚国家经商，或举家搬迁或在当地组建家庭，逐渐融入当地的族群社会。新中国成立初期，新村人口仅剩五百余人，2010 年发展到一千三百多人。祖籍新村的港澳台及海外华人约千人，迁往国内其他省市的村民达百人[1]。

[1]　《越氏族谱》（上册）卷 12《新村新志》，2010 年。

第二节 区划沿革

新村古属番禺县，在地理区位上属禺北，即番禺县之北。

番禺县因番、禺二山而得名，《明史》云：在城有番、禺二山，县是以名[1]。番禺县是广东最古老的县，早在秦代就已纳入中央王朝的统治版图。《旧唐书》记载：

> 南海郡，五岭之南，涨海之北，三代以前，是为荒服。秦灭六国，始开越置三郡，曰南海、桂林、象郡，以谪戍守之。秦亡，南海尉任嚣病且死，召南海龙川令赵佗，付以尉事。佗乃聚兵守五岭，击并桂林、象郡，自称南越武王。子孙相传五代九十三年。汉武帝命伏波将军路博德、楼船将军杨仆兵逾岭南，灭之。其地立九郡，曰南海、苍梧、郁林、合浦、交止、九真、日南、儋耳、珠崖。后汉废珠崖、儋耳入合浦郡。交州刺史领七郡而已。今南海县即汉番禺县南海郡。隋分番禺置南海县。番山，在州东三百步。禺山，在北一里。贪泉，州西三十里。越王井，州北四里。[2]

由此可见，在秦代，番禺不仅是南海郡首县，也是郡治所在地（今广州市中山四路及文德路一带）。汉初，番禺成为南越国的国都，司马迁在《史记·货殖列传》中称番禺为全国九大都会之一。此后，番禺虽多次因朝代更迭而变更行政区划，却始终是岭南地区的行政中心，在当地政治、经济、文化等各项事

[1] 张廷玉等：《明史》卷四十五·志二十一·地理六，北京：中华书局，1975年，第45页。
[2] 刘昫：《旧唐书》卷四十五·志二十一·地理四，北京：中华书局，1975年，第45页。

业中均扮演着重要的角色。

三国孙吴黄武五年（226），交州分为交、广二州，广州州治就设在番禺；隋开皇十年（590），析置南海县，不久番禺县并入南海县；唐长安三年（703）复置番禺县；宋、元、明、清至民国未变[1]。

番禺县地域广博，明清时期，行政区划分为四司一捕属。《明史》曰：东有鹿步、南有沙湾、北有慕德、东南有茭塘、又有狮岭五巡检司[2]。《清史稿》记载：

> 北：白云。
>
> 东南：浮练，一名浮莲冈。东南滨海。南有珠江，上承南海石门水，东南流，歧为二，至长洲复合。又东南为波罗江，左合东江，为三江口。又东南，狮子洋合沙湾水入于海。有狮子营。
>
> 西：永靖营。有慕德、鹿步、沙湾、茭塘四巡司。鱼雷营有船坞在黄埔。番禺、五羊二驿。东广九，西北粤汉铁路。[3]

清光绪年间，新村属番禺县慕德里司杨武都萝岗堡二十四图十甲[4]。

民国时期，改司为区，撤都立乡，撤堡为保，撤图去甲为村。1931年，番禺县下设区、乡两级机构，全县划分为8区、55乡、623村。原沙湾司为第一区，原茭塘司为第二、三区，鹿步司为第四、五区，慕德里司为第六、七、八区[5]（图2-1）。新村属第六区嘉禾乡[6]。当时百姓习惯上将番禺分为禺北、禺东、禺南。因番禺县府设于广州市内，故以县府所在地为中心，其北称“禺北”，是慕德

[1]　广州市南沙区档案局、广州市南沙区地方志办公室编：《南沙大全》，广州：岭南美术出版社，2011年，第27页。

[2]　张廷玉等：《明史》卷四十五·志二十一·地理六，北京：中华书局，1975年，第45页。

[3]　赵尔巽、柯劭忞：《清史稿》卷七十二·志四十七·地理十九，北京：中华书局，1975年，第72页。

[4]　《越氏族谱》（上册）卷2《新村乡志》，2010年。

[5]　朱光文、刘志伟：《番禺历史文化概论》，广州：中山大学出版社，2017年，第182页。

[6]　广州市白云区新市镇人民政府：《新市镇志》，广州市白云区地方志办公室内部资料，2002年，第2-3页。

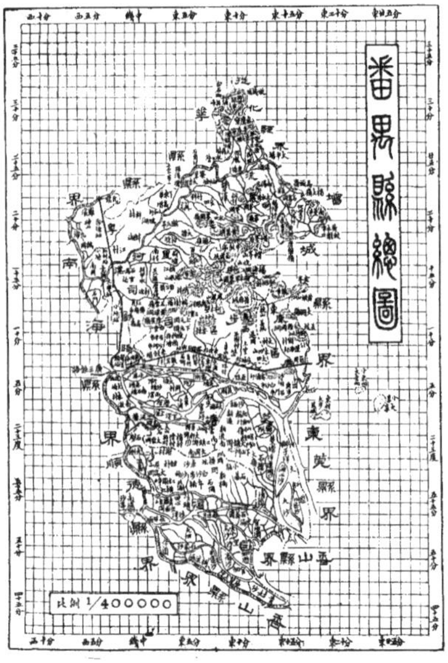

图 2-1　民国《番禺县续志》中的番禺县总图

里司属；其东称“禺东”，是鹿步司属；其南称“禺南”，是沙湾司属和茭塘司属（图 2-2）。而以地理情况而言，人们又以流经广州市之南的珠江为限，江之北的禺北和禺东合称“上番禺”，江之南的禺南称为“下番禺”。所以，新村也曾属于禺北地区[1]。

1949 年 10 月 14 日，广州市解放。10 月 23 日，番禺县全境解放。10 月 28 日，广州市人民政府正式成立[2]。1950 年 4 月，番禺县人民政府成立[3]。新中国成立后，新村所属地的行政区划也历经多次变更：1952 年由番禺第六区改为第八区；1955 年第八区改称嘉禾区；1957 年称嘉禾乡；1958 年 1 月，禺北、

[1]　朱光文、刘志伟：《番禺历史文化概论》，广州：中山大学出版社，2017 年，第 30 页。

[2]　中共广州市白云区委组织部、中共广州市白云区委党校、中共广州市白云区委党史研究室编：《中国共产党广州市白云区（郊区）历史（第二卷）》，北京：中共党史出版社，2011 年，第 6 页。

[3]　中共广州市委组织部等编：《广州市政权、军事、统战、群团系统组织史资料》，广州：广东人民出版社，1993 年，第 125 页。

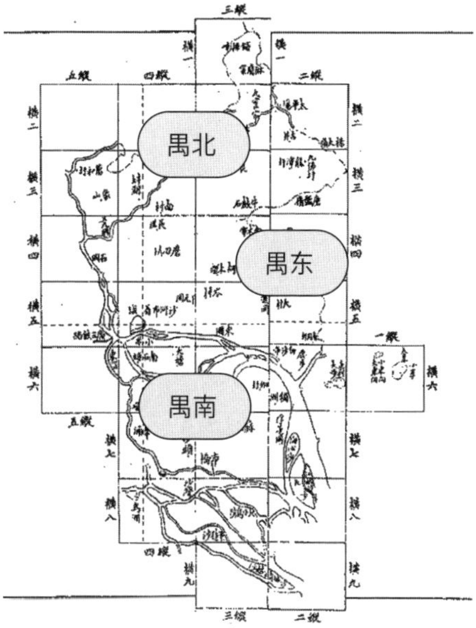

图 2-2　民国《番禺县续志》中的禺北、禺东、禺南分布

禺东的南岗、萝岗、黄陂、石井、江村、嘉禾、神山、岗楼、鸦湖、蚌湖、同文、太和、龙归、良田、竹料、钟落潭、九佛 17 乡划归广州[1]，新村随嘉禾划归广州管辖；同年 8 月，嘉禾乡与三元里乡共同组成三元里人民公社，新村属三元里人民公社长新乡；1962 年 11 月，长新乡变更为科甲大队，1967 年改称红卫乡；1984 年 2 月，公社撤销，三元里公社改为三元里区，红卫乡改称新科乡；1986 年置镇建乡，乡改村；1987 年，按照城区建制，三元里区改为新市镇，新科乡也改称为新科村；同年 2 月，广州郊区更名为白云区，新市镇隶属白云区；2002 年，撤销新市镇，设立嘉禾街道；2014 年，原嘉禾街道的黄边、鹤边、联边三条村划出设立鹤龙街道。新村经过多次调整，今归广州市白云区嘉禾街道管辖[2]。

[1]　广州市白云区新市镇人民政府：《新市镇志》，广州市白云区地方志办公室内部资料，2002 年，第 4 页。

[2]　广州市白云区新市镇人民政府：《新市镇志》，广州市白云区地方志办公室内部资料，2002 年，第 1 页。

第三节　生计仰赖

禺北地处北回归线以南，光线充沛，雨水充足，地势平坦，土壤多为冲积土或沉积土。历史上，该地区一直以农业为主要经济来源。据《番禺县续志》记载：邑属农业以稼穑为大宗，所在多稻田[1]。当地村民种植的农作物种类涵盖水稻、红薯、玉米、蔬菜、花生、瓜果等，以及享誉南方地区的优质番薯品种“禺北白”，养殖业以三鸟、牲畜、塘鱼为主。

自明清以来，禺北地区因毗邻千年商都广州，商业贸易也十分繁荣，各类小圩市、大集市遍及各个重要的乡镇，碾米、榨油、砖瓦窑、织箩、火柴、酱料酿造等工业、手工业作坊兴盛一时。民国时期番禺县所有的圩市、各大乡镇以及重要的交通路口都设有集市。其中，新村附近就有人和圩、高增圩、竹料圩、石湖圩、江村圩等小集市，亦有嘉禾市、龙归市、太和市、桥头市等大集市[2]，民国时期，新村已有部分村民从事商业活动。

尽管禺北地区农业资源丰富、商贸往来频繁，但到了近代，村民的生活却一日不如一日，盖因军阀混战，外敌入侵，匪患横生，洪涝虫害灾年持续，而当地的土地和生产资料又大多掌握在地主阶级手里。据统计，占禺北农村总户数不足百分之五的地主、富农拥有百分之七十五以上的土地（含公尝田），而占农村总户数百分之九十五以上的贫雇农，却只占有不到百分之二十的土地和生产资料。当时水利设施落后，沿河地区堤围低矮，抗洪能力薄弱，每遇河水暴涨，低洼地尽成泽国，丘陵地带缺乏排水灌溉设施，往往因干旱而歉收。封

[1] 梁鼎芬等修，丁仁长等纂：《番禺县续志》，民国二十年铅印版影印本，第 110 页。

[2] 梁鼎芬等修，丁仁长等纂：《番禺县续志》，民国二十年铅印版影印本，第 110 页。

建的生产关系和恶劣的自然条件，使农业生产处于低劣状态。[1]

新村革命工作者越敬派曾回忆，到了民国后期，新村人民的生活极其困苦。全村 210 多户 800 多人，只有几户富农和中农，其余大部分是贫雇农。由于新村没有地主，村中的耕地多为公尝所有，村民主要依靠租种耕地、代耕田和外出打工为生；村民吃杂粮、粗粮度日，穿粗糙的土布衣，生活异常艰难。

新中国成立后，禺北地区分别于 1952 年 6 月下旬至 10 月底、1952 年 11 月初至 1953 年 3 月底完成土地改革[2]，封建地主阶级的土地所有制至此被彻底消灭，嘉禾新村的每一户村民都分到了土地。为了消除自然灾害的威胁，嘉禾乡政府领导村民大力整治河涌，兴修水利，并推广良种，实行科学种田，改单造为双造，为稳定高产创造条件。该地迅速成为广州市蔬菜、水果、家禽、蛋品等副食品和工业原料的重要生产基地之一。

改革开放以后，经济体制改革向纵深发展，生产力进一步解放，经济作物和养殖业逐步走向专业化生产，并形成了一定的规模。嘉禾通过中外合资、外商独资、“三来一补”等形式吸引大量外商来投资办厂，同时发展个体私营等多种形式的企业，工业得到空前发展。

经过几十年的发展，嘉禾发生了翻天覆地的变化，新村这座古老村落也融入城市化发展的浪潮，焕发出新的活力。新村耕地逐渐转变为工业区、商业区、住宅区、休闲区和学校，经历了村改居农村管理体制改革的村民，“洗脚上田”后成为社区居民，共享城市发展的成果。

[1] 政协广州市白云区委员会学习文史资料委员会编:《白云文史》(第 13 辑),1999 年,104 页。
[2] 政协广州市白云区委员会学习文史资料委员会编:《白云文史》(第 13 辑),1999 年,110 页。

第四节 光荣传统

禺北是富有革命传统的地区，新村是其中一片沃土。

鸦片战争期间，广州北郊爆发了中国人民第一次反对帝国主义侵略的武装斗争。1841 年 5 月 29 日，盘踞在广州四方炮台（今越秀山内）的英国侵略军流窜到三元里附近滋扰抢掠、调戏妇女。不甘忍受屈辱的三元里乡民集结了广州北郊 103 乡乡勇在三元古庙会盟，奋起抗英[1]。最终，英军方面向靖逆将军奕山求救，奕山派广州知府余保纯及南海、番禺知县出城，强迫群众解散队伍，英军才得以解围[2]。这场战斗虽然只持续了几天，但却是鸦片战争后一次重要的胜利。江苏巡抚梁章钜在奏折中称："此次广州省城幸保无虞者，借乡民之力。乡民熟睹官兵之不可恃，激于义愤，极力抵御，一呼四起，遂令英夷胆落魂飞，骤解围困。"[3]

历史记载中的三元里，虽然仍以现今行政区划的三元里街道为主，但实际范围却比现在广得多。距离新村不过几里地的磨刀坑、三元里、牛栏岗等地都是三元里抗英的主要战场。新村乡勇参战牛栏岗、黄婆洞一役，无一阵亡[4]。参与战斗的乡勇大展中华民族英勇不屈的气概与爱国情怀，翻开了中华民族觉醒的篇章。

鸦片战争后，中国的内忧外患更见显著。一方面，西方列强加速对中国进

[1] 广州市白云区太和镇人民政府修编，谢汉清主编：《广州市白云区太和镇志》，广州市白云区地方志办公室内部资料，1999 年，第 187 页。

[2] 广东省人民政府地方志办公室编：《广东印记》第 3 册，广州：广东人民出版社，2018 年，第 149 页。

[3] 中国第一历史档案馆编：《鸦片战争档案史料》第 4 册，天津：天津古籍出版社，1992 年，第 4 页。

[4] 《越氏族谱》（上册）卷 13《新村历史大事》，2010 年。

行军事与经济侵略的步伐。另一方面，腐败无能的清政府对劳苦大众的压迫剥削进一步加深，中国人民处于水深火热之中。在这样的社会背景下，各地的反清运动和革命党活动如火如荼。

咸丰四年（1854），南方地区爆发了大规模的天地会反清起义。洪门天地会首领陈开、李文茂首先在广东佛山起义，禺北沙亭岗村农民周春在广州北郊聚众响应，召集兵员千余人举旗起义反清[1]，广东南海、番禺、东莞、顺德、香山等县纷纷响应，围攻广州城长达半年，直到咸丰五年（1855）初才撤离[2]。这次起义，是广东天地会成立以来规模最大、持续时间最长的一次武装斗争。起义军除在广东境内开展斗争外，还深入到邻近的广西、湖南、江西、福建等省，形成除太平天国外中国南部地区最大的一支起义力量[3]。新村村民是否参与到该起义当中，目前缺乏明确的史料记载。但根据以上资料可知，鸦片战争后，禺北地区的革命之火旺盛，与同期的太平天国起义和后期的义和团运动等农民革命活动一脉相承。

清末民初时，大小革命会社众多，皆为旧民主主义革命的重要一部分。义举点燃了中国革命的星星之火，为后续的新民主主义革命斗争的胜利奠定了重要的基础。20世纪初，全国各地的能人志士为寻求变革，探索救国救民的路径，积极投身民主革命运动，清王朝在革命烽火中摇摇欲坠，仍不遗余力地对各地革命党人开展残酷的镇压。1900年，清廷在北方大力镇压义和团，同时在南方大举捕杀革命党。上新村越学明、越远明、越煜明、越巨被捕于慕德里司衙，同年遇害于神主安奉永裕公祠。乡人曾劝越学明逃跑，越学明回：“吾之朋党，志在驱胡，何临危遁之？”乡人又问：“不怕死乎？”越学明答：“能唤醒四万万同胞，何惜死哉！”四公不惧死亡，慷慨赴义[4]（图2-3）。

---

[1]　广州市白云区太和镇人民政府修编，谢汉清主编：《广州市白云区太和镇志》，广州市白云区地方志办公室内部资料，1999年，第187页。

[2]　吴凯主编：《中国社会民俗史》第4卷，北京：中国古籍出版社，2010年，第1564页。

[3]　雷冬文：《近代广东会党：关于其在近代广东社会变迁中的作用》，广州：暨南大学出版社，2004年，第80页。

[4]　《越氏族谱》（上册）卷22《穿越历史百年时空》，2010年。

图 2-3　新村群英（画作）

新村村民同情革命的传统源远流长。据《越氏族谱》记载：新村十九世祖越豪邦，是清末乡试举人，儒商，好行善事。1900 年，越豪邦在江高倡建民间慈善公益组织，名为“昌仁善堂”（图 2-4），主要收埋无人认领的尸骸。他因无私装殓、安葬革命党人而受到乡邻敬仰。

原国民党增城驻军某部团长、黄埔军校一期毕业生越锡柱，曾任粤河聊防司令官，驻防天字码头。1927 年，国民党反动派发动“四一二”反革命政变，越锡柱因同情共产党人而在国民党内受到排挤，不得不辞官归乡。不久之后，国民党军团围困上新村，企图抓捕越锡柱。越锡柱有幸逃出生天，前往南洋从商，他的后人一直定居在新加坡和马来西亚。

1942 年，日本侵略者强占新村、望岗等村良田 1600 亩，用来修建南村军用机场。其间多次围攻新村，杀害五人，伤害多人。日军的暴行激起了新村乡民的强烈愤慨和满腔怒火。

1948 年，新村在中共地下党员司徒彤、黄定中等人的带领下，相继组建农民协会、起义委员会、妇女会、武工队等革命组织，开展武装斗争。

图 2-4　昌仁善堂（画作）

1949 年，新村成立了禺北新市地区第一个党组织——禺北中心支部，成为禺北地区一座坚固的红色堡垒[1]。

回顾近代史，新村始终赓续着先辈的优良革命传统，在封建社会，旧民主主义革命时期以及新民主主义革命时期，都曾涌现出先进革命人物和动人的革命事迹。

[1]　《越氏族谱》（上册）卷 14《新村历史人物》，2010 年。

第三章

新村革命根据地的创建与发展

新村革命根据地，是中国共产党人在领导人民群众推翻帝国主义、封建主义和官僚资本主义三座大山，追求民族独立和人民解放的伟大斗争中建立起来的革命根据地之一。解放战争时期，嘉禾新村所处的禺北地区是对敌斗争的前沿。中共番禺县工委先后派出一批党员到此，以学校为革命据点，宣传革命思想，发展党团组织，深入发动群众，开展武装斗争。新村人民亦将自己的命运与中华民族、中国共产党的命运紧紧联系在一起，与进步力量一起同反动势力进行英勇的斗争，为广州解放作出了自身的贡献。

第一节　抗战胜利后的广东形势

1945 年 8 月 15 日，日本天皇向全日本广播，宣称接受《波茨坦公告》，无条件投降，结束战争。历时 14 年的抗日战争终于结束，全国人民欢欣鼓舞，热切渴望迎来和平局面，重建战后家园，医治战争创伤（图 3-1）。然而，蒋介石统治集团却企图独占胜利果实，继续实行国民党“一党专政”，在美国的支持下，密谋发动反革命内战。

社論
慶祝勝利
慶祝抗日勝利
中華民族解放
萬歲
毛澤東
率領全國投降
投降儀式

图 3-1　《新华日报》刊登关于庆祝抗战胜利的题词

一、进占与“劫”收

抗战胜利后，重庆国民政府任命国民革命军第二方面军司令官张发奎为华南战区受降主官、广州行营主任，罗卓英任广东省政府主席兼保安司令，意图在广东恢复国民党的独裁统治。全副美式装备的国民党新一军、四十六军、五十四军、六十三军相继进占广州等华南大中城市，抢占战略要地。

张发奎为执行蒋介石进剿中共武装的密令，在广州召开“粤桂两省绥靖会议”，要求下属在两个月内肃清“奸匪”。1945年12月15日，广州行营将广东、广西划分为七个绥靖区，发布第一号命令，要求至1946年1月底为止，在行营内“以迅速肃清辖境内奸匪之目的，主对广东方面之股匪，同时分区进剿，务求于短期内各个击破之”[1]，企图对中国共产党领导的人民武装发动猖狂的进攻。

为进剿人民武装，国民党当局先后集结正规军8个军17个师，连同地方武装及伪军共50多个团，采取“网形合围”“填空格”等战术，对广东解放区进行分进合击和反复“扫荡”，在“剿匪”“清乡”的名义下到处烧杀抢掠[2]。同时大力恢复“保甲制度”，扶植区乡反动政权，实行强迫“自新”运动。

据广东省原副省长邓文钊回忆，一些民主人士到东江实地考察，看到当地实情，愤而指责新一军是“新日军”，连称惨不忍睹，“东江纵队现在受新一军压迫很厉害，新界广九路两旁受害最严重，新一军把有子弟参加游击队的每一户人家的房子都烧毁，并进行掠夺”[3]，有民主人士甚至因此气急病倒。

在军队进入广东后，国民党“接收”官员紧随其后。当局规定：华中、华南收复区的伪币储券200元可兑换法币1元，“接收”官员仅以这种掠夺式货币兑换手段，就从收复区人民手中攫取两亿美元。据统计，国民党“接收”

[1] 中共广东省委党史研究室：《中国共产党广东地方史（第一卷）》，广州：广东人民出版社，1999年，第578页。

[2] 中共广东省委党史研究室：《中国共产党广东地方史（第一卷）》，广州：广东人民出版社，1999年，第579页。

[3] 邓广殷：《我的父亲邓文钊》，北京：中国文史出版社，1990年，第66页。

敌、伪物资拍卖所得总值达 50000 亿元，相当于当时国家预算支出（1945 年为 11800 亿元）的四倍多[1]。据当时的报道，日本投降时遗留在广州的工厂、仓库共有数百个，车辆、船只及各类物资难以统计，但经历“接收”之后，这些物资大多下落不明[2]。

当局的盘剥掠夺引发人心惶惶，持续的治安混乱和通货膨胀使人民再度陷入水深火热之中。根据 1946 年 4 月联合国救济总署的统计，中国收复区约有 3000 万人濒于饿死，400 万人无法挽救[3]，广州饿死者日以百计[4]。市民在广州四牌楼（今解放中路）吊起瓦饭煲，贴上“抗战八年无米煮，和平三日吊沙煲”的对联，歌词为“搭错牌楼，烧错炮仗，迎错老张（张发奎），睇错老蒋（蒋介石）”的民谣也传唱一时，就连广东省参议员陈继烈也愤慨地说：“与其说是‘接收’，毋宁说是‘劫收’！”[5]

二、城郊工作的恢复和发展

早在抗战胜利前夕，中共广东区党委就根据形势发展的需要，逐步加强城市工作，派出广东区党委组织部部长梁广赴广州，对华南城市工作作长期布置。随着各地党组织和人民武装的大批党员以复员、复学、就业、回乡等名义进入城市及周边郊县，城郊工作逐渐得到一定程度的恢复和发展。

---

[1] 孔经纬：《关于解放战争时期的国民党统治区经济》，《近代史研究》1988 年第 4 期，第 275—292 页。

[2] 李维之：《内外夹攻下的广州工商业——“广东一二年间”之二》（1947 年 1 月 25 日），中央档案馆、广东省档案馆编：《广东革命历史文件汇集（广东区委文件）1946.1—1947.7》，内部资料，1989 年。

[3] 详见《新华日报》1946 年 4 月 29 日。

[4] 详见《华商报》1946 年 7 月 28 日。

[5] 中共广东省委党史研究室：《中国共产党广东地方史（第一卷）》，广州：广东人民出版社，1999 年，第 580 页。

1. 重建中共广州市委

抗战胜利后，广东区党委将城市工作部改为城市工作委员会（城委），决定将“可能回城市的干部都派到城市去”。按照部署，东江、北江、韩江等游击区陆续安排党员以各种名义进入城市开展工作。

为了统一领导抗战胜利后从各游击区派回广州的中共党员和原在广州开展地下斗争的各系统党组织，1945 年 7 月，中共广东区党委决定成立中共广州市工委。10 月，市工委正式成立，随即开始联络沦陷时期在广州开展地下工作的党员，接收各游击区派到广州的中共党员的组织关系，逐步恢复各级党组织，发动群众投身和平民主运动。

次年 2 月，中共广州市工委撤销，中共广州市委员会成立，市委继续以“恢复组织、站稳脚跟、开展群众工作、准备组织斗争”为主要任务[1]。为了加强与青年学生运动的联系，市委成立青年工作委员会，以中山大学为重点，中共广州市委辖下的党员达到 200 人，党的基层组织逐步拓展到各大中学校、工厂、妇女群众中去。至 1946 年 3 月，广州各大中学校基本建立了党的组织，中山大学总支下辖文学院、师范学院等支部，中华文化学院、国民大学、文理学院、法商学院也相继建立了党组织，中大附中、执信中学等部分中学已有少数党员活动。秘密战线上，有潜伏在国民党军事委员会广州行营的中共特支在秘密活动，成员包括左洪涛、杨应彬、郑黎亚、方亢、何家槐等，以及打入国民党军队系统的吴仲禧等秘密党员。公开战线上，抗战时进入广州的老党员陈翔南、余美庆、何君侠等仍继续坚持战斗。

2. 调整周边郊县党的组织

日本宣布投降后不久，中共广东区党委根据中共中央的指示，对区域划分、工作任务、干部配备作了调整，将南沙、番禺、顺德的党组织划归广州市工委

[1]　中共广州市委党史研究室编著：《中共广州地方史（新民主主义革命时期）》，广州：广东人民出版社，1995 年，第 266 页。

统一领导，并采用特派员制，委任周锦照为中共番禺县特派员，党员则由特派员单线联系、纵深配备。

当时，番禺禺南地区的地方系统党组织和武装系统党组织同时开展工作。地方系统有党员三十多人，主要在学校、医馆隐蔽或以其他职业为掩护，中共党员罗宝宣在国民党番禺县政府担任教育科长，他通过这层职务关系介绍中共党员和进步青年进入学校工作[1]，帮助许多从游击区调回的党员实现职业化和社会化转变，逐渐在番禺站住脚跟。武装系统主要有珠江纵队第二支队留守在番禺的武装人员四十多人，他们分散在禺南各地。这批留守队员的党组织关系于1945年9月被广州市工委接收。而在禺北，原属中共增（城）从（化）番（禺）沦陷区工委领导的中共党员周伯尧、陈光照等同志，返乡后分散到南村、长湴、沙河、林和、冼村一带，以教师身份掩护革命活动。

中共广州市委成立后，随即将广州周边郊县划分为郊一区和郊二区，以加强对广州周边郊县党组织的领导。番禺、南海、顺德、三水等县大部分地方党组织归郊一区管辖，增城、龙门、从化、博罗、花县等地大部分地方党组织归郊二区管辖，两区分设特派员进行联络，直接由市委书记黄松坚领导。

1947年3月，广州市委撤销郊一区和郊二区特派员，统一设广州市郊区特派员，辖番禺、南海、顺德、三水、花县（部分）、增城（部分），而原郊二区所辖的增城（部分）、龙门、从化、博罗、花县（部分）等地党组织划归中共江北地工委领导[2]。根据番禺县的地理特征，上级又以珠江为界分设禺南、禺北（含禺东）特派员，先后担任过禺南特派员的同志分别是周锦照、涂锡鹏、成崇正，担任过禺北（含禺东）特派员的是林科、叶桨。叶桨又将禺北地区的组织系统分为禺北、禺东、河南三条线（范围接近今天的白云区、天河区、海珠区），分别交由郑英、陈明、叶明华负责。

---

[1] 中共广州市番禺区委党史研究室:《中国共产党番禺地方史（第一卷）》，北京：中共党史出版社，2007年，第189页。

[2] 中共广州市委党史研究室编:《中共广州党史大事记》，广州：广东人民出版社，1991年，第126页。

为适应形势的发展，1948年3月，中共珠江三角洲地区工作委员会（简称“珠江地工委”）成立，下辖番禺、南海、顺德、三水、中山（部分）等县的地方党组织。原广州市郊区特派员撤销，番禺县另设单独特派员统一领导县域内的地方党组织。4月，叶桨调珠江地工委工作，周健夫接替叶桨担任中共番禺县特派员，徐幽明调入番禺协助周健夫管理禺东、禺北地区党组织工作[1]。

随着番禺地方党组织不断壮大、武装斗争逐步恢复和发展，为了加强对地方党组织和武装工作的指导，1948年冬，中共番禺县工作委员会（简称“番禺县工委”）顺势成立，周健夫任书记兼组织部部长，徐幽明任县委委员并负责禺北、禺东党的工作。禺北地方党组织的革命斗争工作在番禺县工委领导下蓬勃发展起来[2]。

次年3月，经中共中央香港分局批准，珠江地工委撤销，中共珠江三角洲地方委员会（简称“珠江地委”）成立，隶属粤赣湘边地区党委（1948年12月成立，尹林平任书记），中山县委、顺德县工委、番禺县工委等组织由珠江地委直接领导[3]。

3. 一波三折的和平民主运动

经过多年的军阀混战和反侵略战争，全国人民对和平、民主的期望愈发强烈。1945年，中国共产党提出“和平、民主、团结”三大口号，得到全国人民的热情拥护。党内主要领导人赴重庆和平谈判，希望同国民党合作，团结包括其他民主党派在内的一切爱国进步力量，共同谋划中国未来的发展前途和建设大计。在上海、广州等大城市，追求和平、追求民主已经成为不可阻挡的潮流。

广州市委十分注重团结民主人士和文化界人士，与中国民主同盟（简称“民

---

[1]　中共广州市番禺区委党史研究室：《中国共产党番禺地方史（第一卷）》，北京：中共党史出版社，2007年，第209页。

[2]　中共广州市番禺区委党史研究室：《中国共产党番禺地方史（第一卷）》，北京：中共党史出版社，2007年，第215页。

[3]　中共广州市番禺区委党史研究室：《中国共产党番禺地方史（第一卷）》，北京：中共党史出版社，2007年，第222页。

盟”）等民主党派互相支持、并肩作战，共同推动了城市和平民主运动的开展。

这一时期，一批民主党派纷纷到广州活动：1945 年 12 月 29 日，民盟南方总支在香港成立，随后民盟南方总支和广东支部迁往广州；1946 年 4 月 14 日，中国国民党民主促进会（即中国国民党革命委员会的前身）在广州建立。一大批学者、作家及民主人士也云集广州，其中包括蒋光鼐、李朗如、梅龚彬、陈此生、张铁生、刘思慕、狄超白、司马文森、周钢鸣、华嘉等人。一批进步报纸、杂志在广州陆续创刊或出版，主要有张铁生主编的大型综合性杂志《自由世界》，司马文森、陈残云、何家槐等创办的《文艺生活》和《文艺新闻》[1]，农工党亦将在香港创办的机关报《人民报》总部迁到广州。

由于广州是华南地区的政治、经济、文化中心，为了打破国民党当局的新闻封锁，传播和平与民主的声音，中国共产党先后在广州创办多家报刊，如中共广东区党委机关报《正报》、由广东区党委领导的民营报纸《晨报》、广州市工委创办的《学习知识》半月刊、中共领导的爱国民主统一战线报纸《华商报》等，再加上主要发行进步书刊的兄弟图书公司、广州地下党组织创办的建文印刷店等文化机构，面向学生和市民，以宣传和平和民主为主要内容，构成了广州和平民主运动的重要力量。

与此同时，由中国共产党领导的和平民主运动也如火如荼地开展起来。

1946 年 1 月 28 日，中山大学举行全体学生大会，从东江纵队回校复学的中共党员刘时熙发表慷慨激昂的讲话，谴责国民党政府镇压学生运动、制造昆明“一二·一”惨案的罪行，700 多名学生参与声援昆明学生的正义斗争。

2 月 19 日，国民政府行政院长孙科由重庆飞抵广州。中山大学、法商学院、文理学院、广雅中学等 20 多所大中学校共 3000 多名学生，在民主人士李济深、蔡廷锴、李章达等人的支持下，举行了以“欢迎孙科”为名实质为要求和平民主的示威游行。学生们步行至大德路迎宾馆孙科住处，递交请愿书，要求立即

[1] 中共广东省委党史研究室:《中国共产党广东地方史(第一卷)》,广州:广东人民出版社,1999 年，第 592 页。

停止广东内战，承认中共领导的广东抗日武装，取消新闻封锁，实行和平民主等，迫使孙科接见学生代表并答应将请愿书转交给南京国民政府。

蓬勃发展的和平民主潮流席卷广州等国内大城市，揭露了反动势力假和平真内战的阴谋，赢得了社会舆论的广泛支持。然而，和平民主运动自一开始就遭到反动势力的压迫和镇压：1946 年 2 月 24 日，国民党军警进入中山大学校园，暴力殴打学生，致使工学院学生江仲怡重伤；4 月 7 日，广雅中学发生国民党驻军殴打学生并鸣枪恐吓事件；4 月 18 日，国民党军队包围文理学院，开枪追击学生；5 月，当局指使三青团在中山纪念堂召开官办五四大会，会后，暴徒特务乔装成学生，藏匿在游行队伍中，游行途中强行捣毁香港《华商报》广州办事处、《大公报》营业处及兄弟图书公司……

全面内战爆发后，形势更是急转直下。1946 年 6 月，国民党在广州举行“警备大演习”，制造“共产党暴动”谣言，大肆搜捕共产党人和进步人士，查封兄弟图书公司，勒令 30 多种报刊停刊，封闭《华商报》《正报》驻广州办事处等 13 个文化单位[1]，使用恐怖手段逼迫民主人士离开广州，广州的民主同盟力量遭受重大打击。

反动政权在政治上加紧了对共产党和民主党派进步人士的迫害，经济上更残酷地盘剥人民，酿成了空前的经济危机，导致物资匮乏、物价飞涨，人民苦不堪言。1947 年 5 月，中国共产党领导的国统区广大青年学生及各阶层人民“反饥饿、反内战、反迫害”的爱国民主运动席卷全国，在上海、天津、广州、武汉等主要工业城市，有 120 万工人参加反对内战、反对国民党反动派的罢工和示威游行。这些斗争促成了国统区人民反对国民党当局独裁统治和内战的第二条战线的形成，很好地配合了同时期农村的武装斗争和全国范围内的解放战争。

[1]　中共广州市委党史研究室编：《中共广州党史大事记》，广州：广东人民出版社，1991 年，第 124 页。

三、武装斗争的恢复和发展

抗日战争期间，广东党组织得到较大程度的发展，华南抗日游击队（包括东江纵队、琼崖纵队、珠江纵队、广东人民抗日解放军、广东南路人民抗日解放军、潮汕韩江纵队、梅埔韩江纵队）不断壮大。至1945年3月，广东党员人数已经发展至21390人（不含闽粤赣边党员人数）[1]，广东抗日人民武装人数近3万人，活动范围遍布全省70多个县，抗日根据地和游击区人口接近千万[2]。华南敌后战场与华北、华中敌后战场一起构成了中国三大敌后战场。

1. 东江纵队北撤

1945年9月19日，中共中央作出重要的"向北发展，向南防御"战略决策，主要目标是打击和阻止国民党军队北进，继续大力消灭日伪军，完全控制热河、察哈尔两省，发展和控制东北。为了保存革命力量，中共中央对华南的斗争方针作出了战略性改变：从抗战胜利前，要求东纵迅速北上，配合八路军南下支队，创建五岭根据地；到抗战胜利后，要求东纵等部队接受日军投降，收复失地；再转变为"分散活动，坚持斗争，部队北撤"的战略退却方针[3]。

在国共重庆谈判达成的《双十协定》中，中共同意让出分布在广东、浙江、苏南、皖南、皖中、湖南、湖北、河南等地人民军队在抗日战争时期建立的解放区，并将上述解放区的部队撤至陇海路以北及苏北、皖北地区。

1946年1月10日，中共代表同国民党政府代表正式达成停战协定，双方同时颁布于13日午夜生效的停战令。为监督停战协定的贯彻执行，中共代表周恩来、

---

[1] 尹林平：《关于广东军队和党组织状况情况报告》（1946年3月20日），中央档案馆、广东省档案馆编：《广东革命历史文件汇集（广东区委文件）1946.1—1947.7》，内部资料，1989年，第52页。

[2] 中共广东省委党史研究室：《中国共产党广东地方史（第一卷）》，广州：广东人民出版社，1999年，第577页。

[3] 中共广东省委党史研究室：《中国共产党广东地方史（第一卷）》，广州：广东人民出版社，1999年，第602页。

国民党代表张治中、美国代表马歇尔组成“三人小组”，三方派出代表在北平建立军调处执行部，调处随时可能发生的军事冲突[1]。

军调处执行部成立后，中共中央任命方方为执行部第八小组中共代表，到广州与国民党当局谈判，解决停战及中共广东武装北撤问题。国民党广东当局对第八小组的到来采取不合作态度，并多番阻挠。2月5日，广州行营主任张发奎在公开谈话中声称：“粤桂两省区，除发现零星土匪散兵抢劫外，从未发现中共部队。”[2]坚持认为广东只有“剿匪”问题，不存在执行停战令的情况，拒绝东江纵队派代表参加谈判的合理要求，同时加紧调集部队猛攻境内解放区。

方方在大会上严正驳斥张发奎的谬论，还通过广州行营内的中共秘密特别支部成员左洪涛，与东江纵队司令员曾生、政委尹林平取得联系，希望东江纵队一边组织部队做好北撤的准备，一边坚持自卫斗争，揭穿国民党企图就地消灭东江纵队的阴谋。

2月16日，延安《解放日报》、重庆《新华日报》先后发表《华南抗日游击队的功绩》一文，刊载大量事实，驳斥张发奎所谓“广东只有‘土匪’没有中共部队”的谬论。2月19日，《华商报》刊载中共广东区党委发言人重要谈话，详列东江纵队的抗日战绩，呼吁各界组织考察团实地调查，督促广东当局立即停止进攻解放区，实现全面和平[3]。这一系列报道对广东当局形成了一定的社会舆论压力。

3月9日，广东区党委书记、东江纵队政委尹林平在中共中央的安排下飞抵重庆。3月31日，周恩来主持召开中外记者招待会，由尹林平详细介绍华南人民武装发展概况和抗日战争功绩，揭露国民党当局否认广东中共武装存在、阻挠第八小组开展工作的阴谋。这次记者招待会使各界人士了解到谈判情况，在

---

[1]　中共广州市委党史研究室编著：《中共广州地方史（新民主主义革命时期）》，广州：广东人民出版社，1995年，第270页。

[2]　中共广东省委党史研究室、广州地区老游击战士联谊会编：《东江纵队北撤斗争纪实》，内部资料，1996年，第327页。

[3]　《中共广东区委会发言人发表重要谈话》（1946年2月），广东省档案馆编：《华南党组织档案选编》，内部资料，1982年，第23页。

香港的民主人士何香凝、蔡廷锴、李章达等人纷纷发表声明，呼吁和平，要求张发奎“立即停止进攻东江爱国的中共军队”。经过会内会外的一系列斗争，国民党当局终于承认广东有中共武装力量的存在，并于4月2日就东江停战和东江纵队北撤问题签署了协议。

中共代表廖承志、国民党代表皮宗阚、美国代表柯夷组成“重庆三人小组军事代表团”到广州，会同第八小组与广东军事当局谈判北撤的具体措施。1946年4月4日，东江纵队司令员曾生、政委尹林平以中共华南武装代表身份到广州参加谈判。经过五十多天的激烈斗争，终于在5月21日达成广东中共武装人员北撤山东烟台的具体协议。

根据这份协议，广东境内的中共武装2400人，将在一个月内到大鹏半岛集中，由美国派轮船运往目的地（图3-2）。当时，广州境内人民武装人数超过万人，而北撤人数仅2400人，大部分人不得不留下，分散隐蔽在群众基础较好的村庄，或暂时疏散回乡、投靠亲友，或另谋职业。

图3-2　运送东江纵队北撤部队的美国379号、589号、1026号军舰

5月23日，东江纵队冲破重重障碍，顺利抵达大鹏半岛。美方突然来电，称舰队因故迟到。国民党当局紧急命令广州行营参谋处，密谋将集结部队就地消灭。广州行营中的中共特支成员杨应彬、左洪涛、郑黎亚及时将情报传递给广东区党委书记尹林平，经他报告给周恩来、叶剑英。方方向第八小组提出抗议，

动员香港进步报刊揭露和谴责广州行营的阴谋[1]，集中在大鹏湾的部队亦迅速做好突围准备，最终国民党的阴谋被挫败，东江纵队于6月30日成功撤离。

2. 华南革命斗争指挥中心建立

日本投降后，英国恢复了对香港的殖民统治。碍于世界民族解放运动热潮，港英政府不得不改变以往的高压殖民统治手段，采取更温和的措施。这一时期的香港，实质上已成为蒋介石独裁统治下的真空地区。随着内战形势日益严峻，南京、上海的中共代表团逐步将公开活动转移到香港进行。

1947年1月16日，中共中央发出《关于调整蒋管区党组织的指示》，指出："依据目前形势，为更有力更有计划地领导蒋管区群众的爱国民主生存斗争，配合解放区自卫战争的胜利，以准备迎接全国革命新高潮，中央认为在蒋管区的组织系统有加以调整必要。"[2]中共中央决定充分利用香港的地理位置优势，成立中共中央香港分局，专门领导华南地区的武装斗争，配合解放战争。

中共中央香港分局（简称"香港分局"）直接接受中共中央的领导，由方方、尹林平、章汉夫、梁广、潘汉年、夏衍、连贯七人组成，方方任书记，尹林平任副书记。管辖范围包括：广东、广西全省党组织，湖南、江西、福建、云南、贵州等省部分地区的党组织，香港、澳门、南洋等地的党组织。

香港分局之下设有三个平行的组织：一是港粤工委，管辖香港及华南、南洋公开的统战、刊物、报纸、文化、外交、经济、华侨、群众等各项工作；二是城市工作委员会（城委），专管广州、香港、澳门等华南大、中城市的地下工作；三是各地区党委，专管各小城市及农村工作[3]。

---

[1] 中共广州市委党史研究室编：《中共广州党史大事记》，广州：广东人民出版社，1991年，第123-124页。

[2] 详见中央档案馆《中共中央关于调整蒋管区党组织的指示》，1947年1月16日。

[3] 《中共中央关于设立香港分局的指示》（1947年5月6日），广东省档案馆编：《华南党组织档案选编》，内部资料，1982年，第48页。

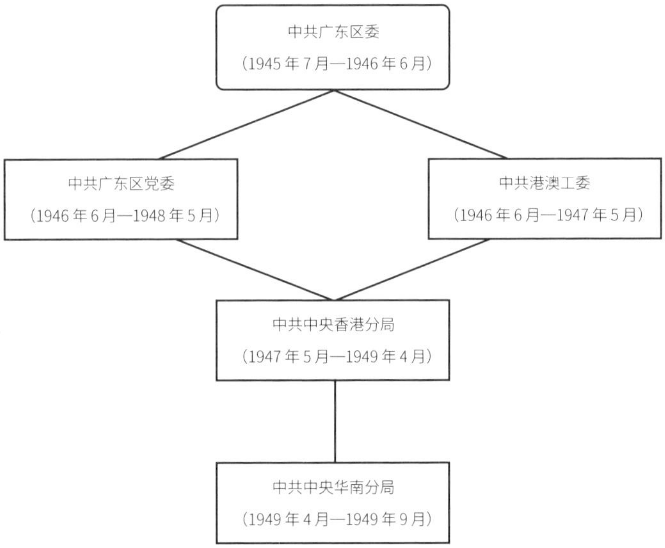

图 3–3　解放战争时期广东（华南）党组织领导机关演变示意图[1]

3. 人民武装在群众中扎根

1945 年 9 月 20 日，中共广东区党委根据中共中央关于“分散活动，坚持斗争，部队北撤”的指示精神，在《对广州长期坚持斗争的工作布置》中指出当前的工作方针：一方面是坚持斗争，保存武器，保存干部；一方面是长期打算，准备将来合法的斗争。要求能回城市的干部，都派到城市去，加强城市工作[2]。10 月 24 日，广东区党委在《当前的斗争形势与工作指示》中指出：当前“国民党对广东的进攻是全面性的”，党组织“必须有足够的估计和高度的警惕，预做周密完善的工作布置，以便击破其企图”[3]。

[1]　中共广东省委党史研究室：《中国共产党广东地方史（第一卷）》，广州：广东人民出版社，1999 年，第 684 页。

[2]　中共广州市委党史研究室编：《中共广州党史大事记》，广州：广东人民出版社，1991 年，第 117 页。

[3]　广州市番禺区革命老区发展史编委会：《广州市番禺区革命老区发展史》，广州：广东人民出版社，2019 年，第 79 页。

中共广东区党委执行中共中央“隐蔽精干、长期埋伏、积蓄力量、以待时机”的方针[1]，将委员制改为特派员制，单线联系。广东各地党组织为进一步贯彻“分散、隐蔽”的方针，将未北撤的武装人员掩藏在偏僻的山区据点中，在一段时间内停止武装活动，同时尽量疏散非战斗人员，利用各地不同的群众条件、地形条件和统战关系，将部队复员人员和党员干部分散发展，派送到城市或农村中开展工作，使他们免受国民党反动派的迫害和摧残，以实现保存武装、保存干部的目的。

全面内战爆发后，国民党出动150万军队，全面进攻各解放区。1946年11月，国民党驻华南地区的正规军队几乎全部北调，广东的地方守卫主要依靠10个保安总队。为了支援内战，国民党还在广东恢复“三征”政策，不顾省内正经受着饥荒灾乱，仍强行征田赋450万石（相当于抗战时期的6.5倍），征兵39600名，全省每700余人抽壮丁一名[2]，致使农村经济破产、饿殍遍地，各地民怨沸腾、民变蜂起。

中共广东区党委认为，在广东恢复武装斗争的条件已经成熟，“琼崖武装斗争的坚持与发展，广东各地隐蔽武装的存在和积极活动，为广东游击战争的开展提供了可靠的基础；北方解放区自卫战争的胜利并逐步走上总反攻的阶段，对广东游击战争是无穷的推动力；上层民主运动的发展及城市群众斗争的坚持，是对农村游击战争的有力支持”[3]。广东区党委抓住时机，作出《关于恢复武装斗争的决定》，并制定“实行小搞，准备大搞，从无到有，从小到大，稳步前进”的战略方针，号召各地留粤武装人员重新拿起武器，建立武装队伍，打击敌反动势力，保护人民群众的利益。

广东各地的武装小分队纷纷拿出隐藏的武器，召回分散潜伏的队员。位于

[1]　中共广州市委党史研究室编：《中共广州党史大事记》，广州：广东人民出版社，1991年，第124页。

[2]　中共广东省委党史研究室：《中国共产党广东历史　第一卷（1921—1949）》，北京：中共党史出版社，2021年，第513-515页。

[3]　方方：《当前时局的特点》，广东省档案馆编：《华南党组织档案选编》，内部资料，1982年，第39页。

广州东北郊县的增城、龙门边界昆山“东江复员人员自卫队”，博罗县境内的“东江人民饥饿救济团”，东江纵队留在从化县北部、新丰县遥田、龙门县永汉地区的武装小分队纷纷开始活动[1]。人民武装则组建“抗征队”“自卫队”“护乡队”等，开展反“三征”、减租减息、破仓分粮、反对迫害、维持治安等群众斗争。人民武装在群众中扎下了根，站稳了脚，为迎接革命的高潮做好了准备。

[1] 中共广州市委党史研究室编:《中共广州党史大事记》，广州：广东人民出版社，1991年，第125页。

第二节　培育革命力量

中共广东区党委提出“分散、隐蔽”的方针后，一批党员干部遵照组织的安排，回到禺北、禺东隐蔽，分散在长湴、凌塘、林和、沙河、东圃、冼村、南村一带，以教师为职业，秘密进行活动。原属中共增（城）从（化）番（禺）沦陷区工委领导的中共党员周伯尧、陈光照通过乡亲和朋友的帮助，分别在禺北南村和扒沙井村的学校谋得教职[1]。1947年，党又陆续输送一批党员到禺北，并在禺北鸦湖的草塘庄小学发展了两名新党员，他们仍以教师为公开身份，秘密开辟新的活动据点。至1948年夏，新村、马市岭、南村、蚌湖的西湖庄和石井圩、古料、北村、区庄、大塘、良田、南岗、飞鹅坑、谢家庄、大澜滩等村庄，都已有党、团员和进步教师分布，村庄之间逐渐有连成一片的趋势。

一、禺东禺北“7·2”事件

内战一触即发之际，国民党当局为进一步打击进步力量，在城市大肆镇压和平民主运动，捕杀民主党派成员、无党派民主人士和进步群众。农工党的《人民报》先后两次遭到封禁，一批农工党员遭到通缉。在此形势下同国民党当局作公开合法斗争的可行性已微乎其微，农工党于是将一批青年党员派回抗战初期曾扎根过的广州东北郊，以办学、教学为名重建工作据点，发展农村民主革

[1]　徐幽明、李汉光、陈康：《同舟共进　志创新天——记广州东北郊人民游击队》，中共番禺市委党史研究室编：《解放战争时期禺东禺北革命斗争史实》，内部资料，1999年，第37-38页。

命力量[1]，在两年多的时间里先后建立了11间学校据点。

由于农工党自抗日战争初期就在广州东北郊拥有较稳固的工作基础，同当地农民建立了紧密的联系，因此中共地下党组织十分重视在广州东北郊团结民主党派和民主党派成员。据曾任中共番禺县工委书记的周健夫回忆："在当时的禺北、禺东，中共地下党的力量还较薄弱，多数党员分散在农村学校工作，有的与农工党党员一起共事，以教师职业作掩护，去做当地的群众工作。"[2]

共产党员、农工党员、民盟盟员在禺北以学校为活动中心，向群众讲时事、讲革命故事，使学校成为教育和团结群众的中心。当时的活动区域，主要由东线和北线组成：东线从沙河、同和、太和至联和、慕园等地，北线从三元里、嘉禾、东平、白布洞、罗布洞至八斗等地，纵横几十里，沿途设置工作据点和交通联络站[3]，严密监视着广州敌人的动态。

1948年4月30日，中共中央发布纪念五一劳动节口号，提出召开新的政治协商会议和成立联合政府的主张，号召"各民主党派、各人民团体、各社会贤达迅速召开政治协商会议，共商国是，成立民主联合政府"。与国民党的"行宪国大"遭到普遍唾弃形成鲜明对比，"新政协"的号召得到国民党统治区域内民主党派、人民团体和无党派民主人士以及海外华侨的热烈响应。

革命力量的迅速发展引起国民党反动派的恐慌，当局加紧封锁和镇压，国统区笼罩在一片白色恐怖中。禺北个别同志由于斗争经验不足，未向上级请示，贸然策反禺北当地的匪首谢活荣，过早暴露了组织，最终招致了灾祸。

谢活荣，禺北石湖人，被禺北人民称为谢大傻。抗日战争期间曾混迹于国民党六十三军"杀敌队"。当时，国军内部不同派系、不同地方势力之间矛盾重重，互相争夺势力范围。谢大傻视农工党员司徒卫中领导的番（禺）增（城）从（化）

---

[1] 梅日新：《广州东北郊的野火春风》，中共番禺市委党史研究室编：《解放战争时期禺东禺北革命斗争史实》，内部资料，1999年，第52–54页。

[2] 广州市番禺区革命老区发展史编委会：《广州市番禺区革命老区发展史》，广州：广东人民出版社，2019年，第85页。

[3] 梅日新：《回忆与共产党共同战斗的日子，回忆与怀念》，中国农工民主党广州市委会内部学习资料，1991年，第8页。

龙（门）民众抗日游击纵队为眼中钉，多次会同六十三军攻击司徒卫中的队伍。1941 年 7 月，谢大傻带领六十三军“杀敌队”袭击游击纵队，致使游击纵队秘书张静波和队员范仁当场牺牲。之后，谢大傻因在军队失意，回到太和开设赌坊，继续打家劫舍、鱼肉百姓，成为禺北地区一支顽固的匪特势力。解放战争期间，国民党当局为培植地方反动势力，任命谢大傻为广州警备司令部沙河刑警队队长。谢大傻为邀功，在 1948 年 7 月 2 日派出 500 多名刑警、警察、宪兵和便衣特务，分两路搜捕革命同志（图 3-4）。

图 3-4 禺东禺北“7·2”事件（画作）

这支搜捕队伍从太和一路南下，沿广花公路和广从公路分两路搜捕。扒沙井学校的李奋之（即李汉光，中共地下党员）、吕任远，大圳口学校的黎荣民（吕、黎原为民盟盟员、此时均已加入共产党），横江学校的吴棣华，马市岭学校的吴锦华、刘乐容，水口学校的靳培心，石船学校的张腾辉和木𥜥学校的吴创中共九位同志先后被捕。农工党、民盟广州工委会专职委员梅日新因及时得到消息，在群众的掩护下，装扮成卖豆腐的商贩，南下转移到香港[1]。

[1] 梅日新后人口述。

梅日新（1918—2004），广东台山人。1936年加入中华民族解放行动委员会（中国农工民主党的前身），前往广州东北郊开展抗日民主革命活动，在同和乡、东平乡成立“广州抗日青年团”两个分团并任负责人。抗日战争期间，任农工党韶关市工委专任委员、粤北地区特派员，直接参与了两次粤北战役。解放战争期间，任番禺、增城、从化、花县、龙门五县民盟和农工党组织负责人。

被捕的马市岭学校教师、农工党员，也即梅日新的妻子吴锦华在《狱中斗争纪实：1948年禺东禺北“7·2”事件》中详细记录了被捕经过和狱中情况：

中午，见校门外有一穿黑胶绸裤、白线衫、戴白通帽、手拿折扇的男人走过，不久又见他转回来，老是向校内窥伺，这个人鬼鬼祟祟，分明是个特务。我意识到情况不好，估计是敌人已在监视我们了，于是采取紧急措施，首先请刘乐容老师把存有的禁书立即毁掉。接着我便把吕任远同志交给我准备带去广州的一包《看看人家是怎样翻身的》小册子，用衣服遮住，拿着盆子，装作要洗衣服的样子走到学校的中座课堂去，开了小便处的横门，把这包小册子埋在学校隔壁的何润伯的菜园里。当时也想到逃跑是来得及的，因我肤色较黑，穿戴上客家女人的衣帽，挑上箩筐，讲客家话，敌人是认不出我的。但又想到我虽能逃脱，敌人一定难为乡亲们，要他们交出人来，怎么办？连累乡亲们受苦受难，于心何忍？还是下定决心自己留下来以对付敌人。

不久便见到白皮红心的保长何大海和敌人的刑警、警察、宪兵等荷枪实弹走进学校，后面还跟着一队身穿黑胶绸衣裤打开衣襟，露出白线衫，腰间插上短枪，坐在单车上的一群便衣特务。他们如临大敌，在学校周围架起机枪。何保长走到我身边低声说：“他们从太和市下来，沿途不准走动，连看牛仔也不准动，我无法通知你们，我也是被押住回村的。”话未讲完，已见敌人将李畚之（扒沙井小学教师，共产党员）、吕任远（扒沙井小学教师，原民盟盟员，这时已参加共产党）、黎荣民（大圳口小学教师，原民盟盟员，这时已参加共产党）、吴棣华（横岗学校教师，农工民主党党员、民盟盟员）四位同志押着走来，连同我和刘老师（女）共逮捕了六人。

他们在校内大肆搜查，房间内外，床底、米缸都搜遍了，连厕所的粪池也淘过了。随后就把我们六个人押上一部货车，一直驶到市内维新路广州市警察总局（即现在起义路广州市公安局）。这时他们曾追问梅日新同志的下落和他的特征相貌。不久又把我们六人用车载到第十甫陈塘区警察分局里面的中区刑警队去。此时见到在禺东工作的吴创中（木䃅学校教师、农工民主党员、民盟成员，后参加了共产党）、张腾辉（石船学校教师、农工民主党员、民盟盟员）、靳培心（女，水口学校教师）三位同志也被押来了。我们九人，彼此相望，谁也没有讲话，大家的心里都燃烧着对敌人的怒火。[1]

禺东禺北"7·2"事件引起了社会各界人士的关注，反动派的倒行逆施引发了人民的愤怒和抗议。1948年9月24日，香港《星岛日报》刊登了一则新闻（图3–5）："番禺县乡校教师，以参加民盟罪名，被穗特刑庭审讯"，声称罪名为"共同参加意图破坏国体，窃据国土之团体，受香港民盟南方总支部之指挥，组织民众，危害国家"，又说"按广州特刑庭以参加民盟罪，对被告提出公诉，尚以此案为第一宗"[2]。

---

[1]　吴锦华：《狱中斗争纪实：1948年禺东禺北"7·2"事件》，中共番禺市委党史研究室编：《解放战争时期禺东禺北革命斗争史实》，内部资料，1999年，第212–225页。

[2]　梅日新：《广州东北郊的野火春风》，中共番禺市委党史研究室编：《解放战争时期禺东禺北革命斗争史实》，内部资料，1999年，第58页。

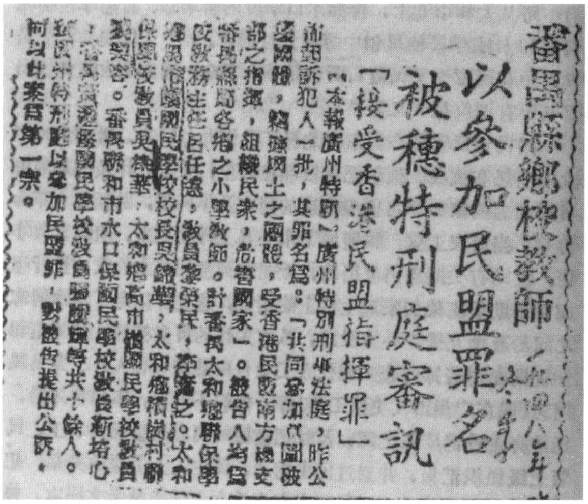
番禺縣鄉校教師
以參加民盟罪名
被穗特刑庭審訊
「接受香港民盟指揮罪」
「本報廣州特訊」廣州特別刑事法庭，昨公訴[illegible]犯人一批，其罪名爲：「共同參加[illegible]圖破壞國體，竊據國土之團體，受香港民盟南方總支部之指揮，組織民衆，危害國家」。被告八名爲番禺縣屬各鄉之小學教師。計番禺太和鄉聯保學校教務主任呂任遠，教員黎榮民，[illegible]之。太和鄉[illegible]國民學校校長吳錦華；太和鄉[illegible]村聯保國民學校教員吳棣華；太和鄉高市[illegible]國民學校教員劉樂容。番禺[illegible]和市水口保國民學校教員靳培心，[illegible]國民學校教員[illegible]等共十餘人。[illegible]特刑庭以參加民盟罪，對被告提出公訴，可以此案爲第一宗。

图 3–5　香港《星岛日报》报道禺北教师被捕事件

广州高等特种刑事法庭不顾人民的抗议，对包括梅日新在内的 10 名同志提起诉讼。起诉书主要内容如下：

被告：吕任远	27 岁	广西陆川人
黎荣民	24 岁	广西陆川人
吴锦华	25 岁	顺德县人
吴棣华	31 岁	顺德县人
刘乐容	23 岁	河源县人
靳培心	21 岁	南海县人
李奋之	29 岁	番禺县人
张腾辉	24 岁	兴宁县人
吴创中	29 岁	梅县人
梅日新	年籍未详	

被告吕任远……等十名均共同参加意图破坏国体，窃据国土之团体，受香港民盟南方总支部指挥，由梅日新负责联络，潜伏于禺东禺北

及增城等地以从事教育为掩护，组织民众，危害国家……

被告吕任远……梅日新等均共同参加同一犯罪团体，在番禺增城一带共同实施犯罪行动，依法应以共同正法论科。被告梅日新虽未获案，自应并予起诉。

被告等同犯戡乱时期危害国家紧急治罪条例第二条第一项，刑法第一百条第一项、第二十八条之罪合援同条例第八条第一项、特种刑事法庭审判条例第二条，刑事诉讼法第二百三十条第一项、第二项规定起诉。

检察官　　何兴昌

书记官　　沈世文

中华民国三十七年九月二十二日[1]

九位革命同志被捕后，在狱中经受了严刑拷打和种种折磨，狱友们被蒙住眼睛，铐上手镣、脚镣，稍有不慎便迎来一顿拳打脚踢。有的狱友患病无从医治，日夜呻吟。反动派杀人的手法名目繁多，狱友们告诉吴锦华，有些革命者被狱卒用烂棉花、烂布塞进喉部窒息而死，有些被刺死后用麻包袋装住投入珠江，有些在深夜被押到越秀山麓用匕首杀死，埋入在白天已挖好的泥坑……

在反动派的威逼利诱和严刑拷打之下，九名同志仍然坚定革命意志，宁死不屈，入狱半年间无一人出卖组织和同志。1949 年初，蒋介石宣告“引退”，代总统李宗仁上台。李宗仁为争取“和谈”的资本，提出七条“和平”措施，其中就包括撤销“刑事法庭”和“释放全部政治犯”。

中共地下党组织、农工党和民盟趁此时机，抓紧实施营救行动。当时，反动派虽准许“保释”，却提出苛刻的条件百般阻挠，要求必须使用有商号的图章盖章担保，否则就必须同军法处“商量”购买图章，名为“保释”实为借机敲诈勒索。吴锦华的家人事先提交 200 元港币用于购买图章，这笔钱由农工党

[1]　梅日新：《广州东北郊的野火春风》，中共番禺市委党史研究室编：《解放战争时期禺东禺北革命斗争史实》，内部资料，1999 年，第 59-60 页。

员江坤、何甘棠、何文彬、何社元、何桥根、何皆等同志从合资经营的协兴石矿场筹集。

1949年2月7日，九名同志在入狱七个月后全部重获自由，出狱后的他们又分赴香港、禺南等地，踏上新的革命征程。

二、依托新村小学重建革命据点

禺东禺北“7·2”事件使禺北的革命据点遭到重创。九位革命同志被捕的第二天，时任中共番禺县特派员周健夫冒着生命危险到幸存的革命据点通知地下党员立即转移，及时隐蔽，以免被敌人追踪追查[1]。

事件发生时，中共地下党员司徒彤尚在禺北仁风乡（今白云区龙归街）第一保国民小学任教，距离扒沙井、大圳口仅三公里。

司徒彤（1928—2014），广东开平人。1947年1月到禺北参加地下革命工作，先后在仁风乡第一保国民小学、嘉禾新村小学任教，1948年5月加入中国共产党。后主持成立禺北地区第一个中国新民主主义青年团，兼任团支部书记。1949年夏任中共禺北中心支部副书记，同年5月任广州东北郊人民游击队嘉禾武工队队长。

司徒彤的父辈在广州经营药材生意，家中兄弟姐妹众多，长兄沙飞（原名司徒传）因拍摄鲁迅生前最后的留影而成名（图3-6），被誉为“中国革命摄影的开拓者”和“中国革命摄影第一人”。

20世纪30年代，沙飞因仇恨帝国主义侵略，不满当时的社会制度，决心以摄影反映社会现实，唤起人民的觉醒。全面抗战爆发后，沙飞担任全民通讯社摄影记者，奔赴抗日一线战场。由于太原战事吃紧，全民通讯社撤往武汉，沙飞婉拒了全民通讯社的撤退指示，自愿跟随八路军活动，并在1942年加入中国

[1] 司徒彤：《凄风苦雨忆故人》，《若草文集》，广州：中山大学出版社，2009年，第199页。

图 3-6　鲁迅生前最后的留影，沙飞摄

图 3-7　1942 年 7 月 7 日《晋察冀画报》创刊号

共产党。沙飞在八路军期间创办了中国共产党领导的抗日根据地第一份以刊登照片为主的综合性画报《晋察冀画报》（图 3-7），并担任社长，几年间拍摄和刊载了大量反映全民族抗战的照片，用瞬间的影像为那段岁月留下永恒的历史见证。

司徒彤曾在《忆长兄沙飞》一文中回忆："沙飞对人宽厚，极富同情心，我随他逛街，常在马路上碰到衣衫褴褛的老弱乞丐，他便从袋里掏出零钱、铜币给乞丐。沙飞以走投无路的乞丐，与马路上坐在豪车和专用黄包车上西装笔挺的洋场阔少、满手金镯戒指和婢仆跟随的小姐对比，引导我认识这个腐朽的社会。"[1]沙飞还常常教育司徒彤，要改造这个世界，要改变穷人受压迫的地位，必须依靠人民大众的力量。在沙飞的影响下，司徒彤也走上了革命道路。

1948 年 7 月的一天，司徒彤正在教室讲课，一位戴着墨镜的陌生人在窗口窥望，司徒彤的学生周山立刻出门询问。只见来者身穿美式军服、脚踏黑色皮鞋，体格魁梧，提出要见司徒先生。周山警惕起来，向司徒彤报告："外面来了一

[1]　司徒彤：《忆长兄沙飞》，《若草文集》，广州：中山大学出版社，2009 年。第 214 页。

个国民党的军官，说要见你，我看他不是个好东西，你快走吧！”司徒彤心想，敌人不会单枪匹马来搜捕，料是党内的同志有紧急情况化装而来，便到门缝处窥探，发现是中共番禺县特派员周健夫同志，于是立即上前迎接。周健夫简明扼要地说：“反动派正进行大搜捕，所有文件和进步书籍应立即隐藏，壁报上如有批判现实的文章也应立即覆盖，以免暴露。如发现形迹可疑的人或发现新情况应立即转移到广州找地方隐蔽，等待组织联系。”[1]司徒彤按照周健夫的指示，在仁风乡南村隐蔽下来，与学生和群众保持联系，其他地下党员也接到通知，陆续隐蔽起来。

局面有所缓和后，周健夫又传达上级“关于迅速恢复被破坏的据点，深入发动群众，建立革命据点，开展武装斗争”的指示，幸存的同志们在经过一段时间的隐蔽后又重新出发，恢复和拓展新的革命据点，周伯尧、朱融前往马市岭村，而司徒彤则转移到新村，在新村小学谋得教职。司徒彤的学生黄炳才因家境贫困未能升学，又热心革命，司徒彤便带着他一同到新村工作。此后，黄剑深、黄定中、华根堃、罗雨、胡荣干等一批同志也先后来到新村。

新村位于广花公路旁，因村小民穷，常年受到土匪恶霸的欺凌，村中青壮年或远走海外另谋生计，或做雇农勉强为生。广州沦陷后，日军强占新村 400 多亩田地建造军用机场，强迫村民服劳役，肆意枪杀上新村村民越润畅、越润恢、越润湖、越湛枝等人，又强奸一名妇女，将新村拽入苦难的深渊。1945 年，中美盟军军机误炸江夏村，炮火殃及新村，炸死村民 39 人，炸伤 44 人，一半以上的村屋遭炸毁。抗战胜利后，新村要求收回被日军占用的田地，却又遭国民党当局无理拒绝。失去土地的村民，无以为生，朝不保夕，迫切希望改变现状。

司徒彤在教书期间，时常用带有启发性的课外读物代替颠倒是非的课本。在语文课上讲授鲁迅的《狂人日记》《故乡》，指导学生阅读巴金的《家》《春》《秋》，茅盾的《子夜》等；在历史课上重点介绍农民起义，讲到“太平天国运动”

[1] 司徒彤：《禺北南村团支部的战斗历程》，中共番禺市委党史研究室编：《解放战争时期禺东禺北革命斗争史实》，内部资料，1999 年，第 170–171 页。

时着重向学生介绍运动前夕的社会状况；还结合课程内容，带领学生开展农村调查实践，使学生认识到残酷的社会现状——土地仍然集中在地主阶级手中，农民不仅要受到地主的残酷剥削，还受到官僚和军阀的横征暴敛，借此唤醒学生的革命意识——出路只有一条，那就是改革旧社会，改革旧中国。

课程之外，司徒彤又引导学生阅读社会科学类书籍，如艾思奇的《大众哲学》；带领部分学生到广州市区观看进步影片《八千里路云和月》《一江春水向东流》《万家灯火》《春光是关不住的》，以及话剧《忠王李秀成》等。他指导学生编排话剧和歌剧，通过编排话剧《黎明前》揭露国民党当局“征兵、征粮、征税”的暴行（图 3-8），排练小歌剧《五更望夫》演绎农村妇女在丈夫被当作壮丁拉走后的悲怨，编唱《古怪歌》用通俗的语言揭露帝国主义的侵略面目。

图 3-8　司徒彤带领学生编排话剧《黎明前》（画作）

这首《古怪歌》唱道：“呢个世界，你话古怪呀唔古怪，……美国烟仔罐头随街卖，重有透明牙刷底衫裤头带……牙刷平过梁新记，摩利时抵食过农夫牌，弊晒，弊晒，将来重弊晒，农村破产，工厂执埋，重欠落一身美国债。真坏，真坏，美国真正坏，重派飞机，出军械，帮手打内战，将呢好人来杀晒，同呢贪官污吏静静捞埋。点解，点解，问声政府，要我哋死晒，定要换过一副 USA 既招牌，刁！”[1]

为了掌握邻近村庄的情况，了解当地教师的政治立场和思想倾向，判断是否适合发展革命组织，司徒彤等进步教师还组织学生到其他学校交流，合办篮球、排球友谊赛。

> 当年各校教师情况复杂，我们曾到相距数公里的长湴小学举行师生篮球赛，看到学校贴的壁报十分反动，胡说什么“共党公妻共产”等，原来这间学校的几位教师都曾是“剿共”满手血腥而又失意的国民党退伍军官。我们至扒沙井、大圳口、马市岭等学校，看到的完全不一样。这些学校的教师有的是共产党员，有的是农工党党员、民盟盟员，他们和农民打成一片，亲如手足，对学生循循善诱，关怀备至。学校壁报写的、学生唱的，都是反映人民的痛苦，表达人民呼喊的心声，给我们留下深刻的良好的印象。由于当时地下工作是单线联系，只看到他们思想进步，倾向革命，却不知道他们同是革命营垒的战友。[2]

师生们常在学校的壁报上登载针砭时事的文章，如司徒彤撰写的杂文《灭虱》、读书随笔《生命在呼喊》、历史小说《曹操议和》等。师生们尤其喜用漫画来讽刺现实，他们常把著名漫画家廖冰兄的《猫国春秋》等的仿画张贴在壁报上，村民们争相观看，议论纷纷。

每到夜晚，司徒彤等地下党员还深入贫苦村民家中嘘寒问暖，带领村民重温反帝斗争史，揭露当局的腐败无能和横征暴敛，激励村民们效仿先辈起来革命，

---

[1] 司徒彤：《禺北南村团支部的战斗历程》，中共番禺市委党史研究室编：《解放战争时期禺东禺北革命斗争史实》，内部资料，1999 年，第 169 页。

[2] 司徒彤：《风雨同舟肝胆相照——解放战争时期农工党、民盟在番禺革命活动二三事》，番禺区委老干部局、番禺区关心下一代工作委员会编：《番禺老干部革命回忆录》，内部资料，2006 年，第 167–168 页。

为国家的前途、民族的前途、个人的前途奋争。在他们的激励下，新村很快成立了地下农会、起义委员会、妇女会和青年会等革命群众组织，开展反对国民党反动派“征兵、征粮、征税”的反“三征”斗争，新村逐渐发展为革命的坚实堡垒。

三、禺北地方党组织的蓬勃发展

1948 年 12 月以前，番禺实行特派员制，分设禺北特派员和禺南特派员。禺北特派员叶桨根据地理区位特征将所领导地区的地方党组织分为禺北、禺东、河南三条线（范围接近今天的白云区、天河区、海珠区），分别交由郑英、陈明、叶明华负责。

禺北地方党组织十分重视群众工作。1947 年早造，禺北地区发生严重水灾，石井、江村一带受灾面积达 80%—90%，而国民党当局只顾“三征”，迟迟不开展救援。禺北地方党组织一边组织农民自救，一边教育农民起来斗争。长滘村党支部通过掌握的农会合作社向农民银行贷购化肥，照价贷给村民，避免乡、保长抬高价格赚取差价；同时组织水利会，带领村民筑坝蓄水防旱；组织夜校，聘请中山大学进步大学生担任教师，帮助农民增长文化知识[1]。通过开展群众工作团结村民，党组织获得了信任和支持，不断扩大活动范围。到 1947 年秋季，广州近郊的蚌湖、龙归、三元里、竹料等地已发展成革命据点。

禺北地方党组织还重视开展统战工作，同在禺东禺北从事民主革命活动的农工党员和民盟盟员精诚合作。扒沙井小学的地下党员李汉光，培养了民盟的吕任远、黎春华加入中国共产党，并成立扒沙井党支部，组织成立“禺北农民民主同盟”（后改为禺北农民解放大同盟），帮助农民提高思想觉悟，争取团结更多人支持革命活动。

[1]　中共广州市番禺区委党史研究室：《中国共产党番禺地方史（第一卷）》，北京：中共党史出版社，2007 年，第 206 页。

1948年珠江地工委成立后，叶桨改任中共番禺县特派员，从此番禺县特派员不再有禺北、禺南之分。同年9月，负责禺东禺北工作的徐幽明在广州市郊琶洲主持召开了第一次“琶洲会议”，会议持续开了一星期，主要参与人有周伯尧、陈明、郑英等。会议达成了共识，即：为放手发动群众开展武装斗争做好组织上和思想上的准备[1]。

在反“清剿”和反“三征”斗争中，番禺地方党组织不断壮大、发展，党员的活动范围扩大至全县各个村。禺北的马市岭、新村，禺南的丹山村，禺东的沙埔村都先后成立了党支部或党小组。为了适应形势发展的需要，1948年12月，中共番禺县工作委员会（简称“番禺县工委”）在石碁镇塱边村正式成立，隶属珠江地工委领导。周健夫任书记兼组织部部长，郑吉任武装部部长，廖安任宣传部部长，徐幽明任县委委员并负责禺东禺北的工作。

图3-9 解放战争时期，中共番禺县工委印发的文件、学习资料

[1] 中共广州市番禺区委党史研究室：《中国共产党番禺地方史（第一卷）》，北京：中共党史出版社，2007年，第215页。

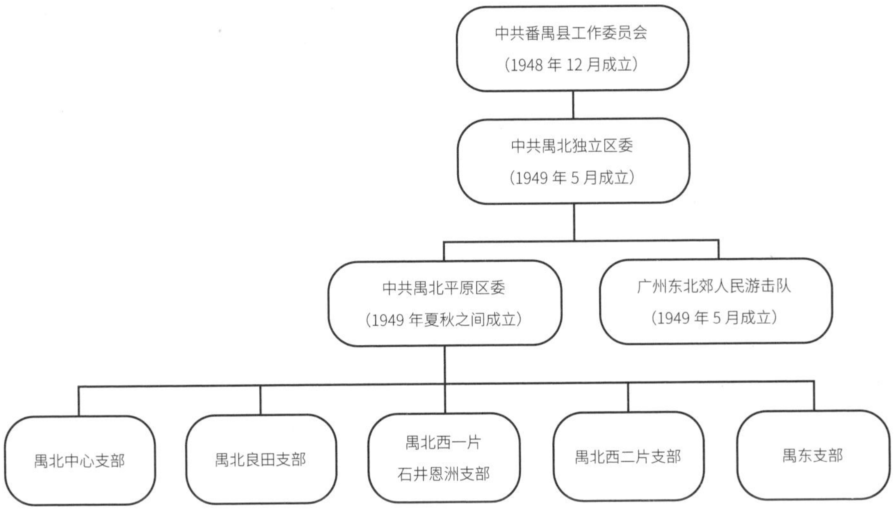

图 3-10　解放战争期间禺北地方党组织关系示意图

1949 年 5 月，为配合南下大军解放广州，番禺县工委决定在广州东北郊成立中共禺北独立区委，由番禺县工委委员徐幽明任区委书记，李汉光担任武装委员，陈明和陈康任组织委员（陈明兼任游击队政训室主任，负责部队组织工作，陈康负责地方党组织工作），周伯尧任宣传委员，主管财粮后勤工作。

中共禺北独立区委成立后，随即组建和直接领导广州东北郊人民游击队，以番禺、增城、从化三县交界的帽峰山区为活动基地开展武装斗争。同年 8 月，为了兼顾地方党组织的工作，更好地配合和支持武装斗争，中共禺北独立区委领导成立中共禺北平原区委，统一负责禺北、禺东平原地区党的工作。区委书记由陈康兼任，组织委员为赵仲垣，宣传委员为郑英。

中共禺北独立区委又根据形势的需要，将禺北平原地区划分为中心片、西一片、西二片，分别成立党支部。

禺北中心支部：支部书记陈康（兼）、副支书司徒彤，支委罗杰、罗雨、黄定中、越敬派、周棠等。以上、下新村为中心，活动范围包括广花公路两侧的原嘉禾乡、仁风乡、鸦湖乡、蚌湖乡、均和乡、同文乡及太和乡南半部。

禺北良田支部：支部书记龚彦平。以良田为中心，活动范围包括良田、竹料、钟落潭等乡及太和乡北半部。

禺北西一片石井恩洲支部：支部书记郑英（兼），支委有刘润、陈焰中、伍若冰。活动范围是石井乡、佛岭乡、恩洲乡（属南海飞地）。

禺北西二片支部：党员有林举雄等，活动范围遍及江高镇禾风乡等乡镇。

禺东支部：支部书记是赵仲垣，支委有袁江、陈汉华、梁池、梁明等人。活动范围以东圃为中心，包括禺东各乡镇。[1]

禺北中心支部设在新村，由陈康兼任支部书记，司徒彤任副支书，支委包括罗雨、黄定中、罗杰、越敬派、周棠等同志，以及从农会骨干中吸收入党的新村村民越协星、越润保、越润松和集贤庄村民黄柏容、黎志成等。禺北中心支部是当地革命斗争的核心力量，活动范围包括原嘉禾乡、仁风乡、鸦湖乡、蚌湖乡、均和乡、同和乡及太和乡南半部。

四、禺北第一个新民主主义青年团诞生

为了培养大量工作干部，满足革命形势迅速发展的需要，当时凡是有党员活动的革命据点学校或村庄、凡是党的力量较强的地方，都逐渐由点到面推广建团工作，农村青年和在校学生是主要发展对象。禺北武装斗争恢复后，各地新民主主义青年团相继成立，一些青年团员经过培养，成长为出色的工作骨干。

各地建团工作大致分为几种类型：

---

[1] 陈康：《关于广州东北郊（原禺东禺北）党组织情况的一些回忆》，中共番禺市委党史研究室编：《解放战争时期禺东禺北革命斗争史实》，内部资料，1999 年，第 12-13 页。

第一种以学校为中心，从小学教师中吸收青年团员，在村中建立工作据点；或由党员教师从年龄较大、思想成熟的学生中吸收团员，再由校内发展到校外，以青年团为支柱做好青年工作。

第二种是面向到禺北参加工作的进步大学生发展青年团员，培养成工作骨干再派往驻点村庄。

第三种为在农村中发展团员，从接受过教育的农村青年中吸收青年团员，建立团支部，这些团员在地下农会、解放委员会、武工队中发挥着骨干作用。

1. 从新村走出的第一个禺北团支部

禺东禺北“7·2”事件发生前，司徒彤曾在仁风乡南村第一保国民小学任教，在他的教导下，南村学生们对国家的历史与现状有了更深的理解，逐渐向往走出家庭的荫蔽，投身到革命烘炉里。司徒彤转驻新村后，仍与南村的学生保持着密切联络，南村学生们常在周末和节假日来新村晤谈。在司徒彤的鼓励下，这批学生相继加入了由中国共产党领导的新民主主义青年团。

1949 年 2 月的一个星期日深夜，新村小学的一间教室内，一盏煤油灯发出微弱光芒，为了避免被人察觉，四周壁窗都蒙上了黑布。尽管会场布置得简单朴素，气氛却十分庄严肃穆。周杜南、周自强、周山、周烈雄、黄炳才等学生举起右手，在司徒彤和周伯尧的见证下庄严宣誓[1]。

至此，禺北第一个新民主主义青年团支部诞生了，司徒彤兼任团支部书记，周伯尧任监誓人。不久之后，周锐和、周友谏、周群坚、周苗姬、周月卿、周银娇等第二批、第三批团员也在新村宣誓入团，新村、南村一线的青年活动由此活跃起来。

[1]　周杜南：《回忆禺北南村地下团支部的革命活动》，番禺区委老干部局、番禺区关心下一代工作委员会编：《番禺老干部革命回忆录》，内部资料，2006 年，第 208-209 页。

2.“红小鬼”们上帽峰山去

1949年春，解放大军势如破竹，相继解放南京、上海。为了配合解放军南下解放广州，中共番禺县工委发出指示：放手发动群众，扩大武装队伍，积极开展武装斗争。

彼时，周杜南、周自强、周山、周烈雄、周锐和已考入广州禺山中学，周月卿考入广州八桂中学。中共禺北独立区委决定，动员在广州读书的团员上帽峰山参加游击队。因这批团员多为华侨子女，家境优渥，因此区委鼓励团员们想办法筹集资金，帮助游击队解决补给困难问题。

团员们在接到通知后，随即秘密开会研究办法，最终决定以上学为名，制作缴纳学费、杂费、宿费、伙食费的假收据，向家长要来几百元港币，集中交给组织，以解决游击队的补给困难问题。周杜南、周自强、周山、周烈雄等团员以返校读书为由，到司徒彤位于广州市区的家中借宿一晚，再从广州乘车抵达禺北良田联络站，分别上帽峰山参加游击队。周友谏、周苗姬则与从香港返回禺北的周俦、周夔能、周启流等人一同前往花县参加游击队。未能上山的团员们，仍坚持在村中开展地下工作，或参加当地武工队，或帮助成立妇女会、青年读书会等革命群众组织。

1949年夏天，败退的国民党部队不时在村中宿营，周锐和等团员通过与士兵闲谈套取情报，将敌人的番号、人数、车辆、枪炮等情况调查清楚，记在卷烟纸上，藏在竹帽或“翘丝冷”（禺北未婚女子扎的小髻）中，由周友谏、周苗姬、周银娇等团员越过敌人的哨位，将情报传达给驻点在新村的司徒彤和黄炳才（图3-11）。

周银娇是司徒彤在南村教书时的学生，她思想进步、追求革命，可她的乡绅父亲却早早为她定下婚事，逼迫她毕业就嫁人。周银娇多次提出想要参加游击队，将青春献给革命事业，但组织考虑到若她突然离家，顽固的乡绅父亲必定会追查到底，届时当地的地下党组织恐遭暴露，故而未批准她的请求。周银娇在出嫁的前一天，瞒住父母，偷偷步行七八里路，到新村找到司徒彤，掏出

图 3-11　“红小鬼”搜集情报（画作）

数十元港币，噙着泪水说：“司徒老师，我明天就要出嫁了，这是母亲给我的随身零用钱，我想将它交作团费，帮助部队渡过难关。以后组织有什么任务交给我，我一定努力去完成。”临走时，她说：“我走了，以后不能常常见到大家了。祝你们工作顺利，请代我向上了山的同学问好。”

广州解放后，团支部的同学们被分配到军队、农业、公安、妇联等多条战线，继续为革命、为人民奉献。

五、新村干部学习班开课

人民解放军由防御转向进攻后，党中央着眼于夺取全国政权，准备接收和管理解放区，培养大批工作干部成为当务之急，发布《中央关于准备五万三千个干部的通知》，各地根据此通知开始创办专门学校，吸收城市工人、学生及知识分子进行培训。中共禺北独立区委也响应号召，在新村开办干部学习培训班，于 1949 年 6 月至 7 月间先后接收了广东省立法商学院的一批进步大学生和广州东北郊人民游击队队员。

1. 风起云涌的学生运动

1945年10月，阮洪、张拱星、林举雄、刘广华、胡荣干、陈驭强等学生相继考入广东省立法商学院。时值日本投降不久，全国人民欢欣鼓舞，热情期盼国共和谈和政治协商会议的召开，法商学院的地下党员、民盟盟员、进步学生们开始半公开地组织和参加和平民主活动。

国民党反动势力控制的国民政府却借助美国力量秘密筹备内战，一方面表示要开放党禁，给予人民言论、集会、结社等表面上的政治自由，另一方面又纠集广州地区各大中学校的反动党、团、特和青年军势力，企图压制进步学生群众的民主运动，其间制造了捣毁《华商报》《正报》和“兄弟图书公司”等的暴行。

面对复杂的政治斗争形势和国内局势，一些进步学生不断地思考：“中国将往何处去？个人出路在何方？”

1946年1月30日，旧政协闭幕前，广州各大专学校在地下市委的领导下，组织“反对内战、争取民主”的示威游行。1946年2月中旬，中山大学组织广州大中学生以“欢迎孙科”名义举行示威游行，要求国民党结束一党专政，成立联合政府。刘广华同其他进步学生一起参加了以上两次示威游行，并坚决抵制广州三青团组织在中山纪念堂举行的所谓“纪念五四”的反动游行。

1946年9月至1949年5月间，一系列学生运动风起云涌：文理学院、法商学院进步学生先后在1946年秋至1947年夏发起“改大”运动；1949年2月发起反对学校当局增缴学杂费、学米的“请减”运动；1949年5月20日主持召开悼念“四一”惨案烈士大会……广州各大中院校在地下市委的领导下积极开展反对反动统治的学生群众运动，与工人运动、农民运动和市民的爱国民主运动一起构成了国统区人民反对国民党当局独裁统治和内战政策的第二条战线。

2. 向游击区转移

广州“爱国民主运动协会”是解放战争时期广州地下党建立的秘密外围组织，

诞生于 1947 年 3 月，1949 年改名为“地下学联”。

1949 年初，法商学院的地下学联根据党组织关于“要加强学习，提高学生骨干的政治思想觉悟，结合发展地下学联组织，以迎接新的斗争”的指示，举办一系列地下学联学习活动，组织进步学生七十多人参加。学期为五周，每周专攻一个专题，如怎样加强团结、什么是正确的思想方法、社会怎样发展、中国经济现状分析、知识分子的出路等。学习的书目包括《社会发展史》《大众哲学》《子夜》《中国是怎样沦为半殖民地的》等。学习方式以自学为主，适当组织小组讨论和大组辩论，同时贯彻理论联系实际的思想方针，认真开展批评与自我批评。

地下学联秘密组织学生阅读进步书刊，如《群众》《华商报》《正报》等，使学生们及时了解时局和党的基本方针政策，提高政治思想觉悟。经过这轮学习，阮洪和张拱星等二十多名学生相继成为地下学联的成员。

渡江战役胜利后，为了做好配合南下大军解放广州的准备工作，广州各地下党组织根据各战线均需要大量知识分子的情况，组织留校学生进一步学习党的文件，掌握党的城市政策，从广州组织几批学生到各地农村开展游击战[1]，组织地下党员和地下学联成员隐蔽在工厂、医院、近郊农村以及国民党机关，加紧护厂、护校斗争，以迎接广州的解放[2]。

同时期，法商学院地下党负责人吴锡康计划分批组织进步同学到解放区或游击区参加工作，其余同学则留校进行护校斗争。49 届社会学系的张拱星，政经系的阮洪、林举雄、胡荣干，法律系的黄泳棠、刘广华等 6 人，获得组织上的批准，计划在 5 月经香港转到东江解放区。

5 月底，时任广州东北郊人民游击队副队长的周伯尧联系到张拱星，称禺北游击区需要干部，希望 6 人能在 5 月底至 6 月初这段时间前往游击区。周伯尧先同张拱星前往新村小学，与嘉禾武工队负责人司徒彤接头。6 月 5 日，5 名同

[1] 钟明、陈翔南：《第二条战线的胜利》，《广州日报》1981 年 6 月 29 日。

[2] 黄义祥：《广州学生迎接解放》，《中山大学学报》1990 年第 1 期，第 75-76 页。

学在约定的时间内抵达新村小学，随后加入广州东北郊人民游击队，而黄泳棠单独前往东江游击区待命。

司徒彤将 5 人分散安排在新村，嘱咐他们互相以亲戚相称，避免暴露身份。7 月初，又有 52 届社会学系的陈驭强同学经组织联系来到新村工作。至此，先后来到禺北游击区参加工作的法商学院学生共有 6 人。

3. 在新村学习班的日子

1949 年 7 月初，广州东北郊人民游击队政委徐幽明在新村主持开办游击队新老队员学习班（图 3−12），参加学习班的学员除法商学院学生外，还有已在新村从事地下工作的党员司徒彤、黄定中、罗杰等同志。

当时的学习专题包含当前的政治形势与任务，人民解放军的三大纪律、八项注意，群众观点与群众路线工作方法，共产党员的修养等。学习文件包含毛泽东的《目前形势和我们的任务》、刘少奇的《论共产党员的修养》等。学习班以自学为主，结合小组专题讨论，联系学员实际开展批评和自我批评。

结课后，阮洪、林举雄申请加入中国共产党，张拱星、胡荣干、刘广华申请加入青年团。新学员们革命热情高涨，普遍要求到最艰苦的地方和部队，去接受

图 3−12　新村学习班（画作）

革命斗争的严峻考验。经过分配，张拱星、林举雄、胡荣干、刘广华四人分别到太和、江高、人和等地的乡村小学任教，阮洪和陈驭强接替司徒彤和黄定中，在新村的堡垒户“保叔”家中的油印室工作。

阮洪在《党指引我们走上革命道路——几位法商学院同学参加广州东北郊人民游击队的回顾》中回忆了几人参加革命工作的细节：

> 1949 年 9 月初，张拱星同志调到太和头陂村小学任代课教师，因劳累过度而发高烧，组织派周杜南为他代课，张拱星在养病期间仍继续做发动群众、组织农会等工作。
>
> 林举雄在江高镇一所学校协助举办暑期补习班，组织农会等群众工作。他主动到广州市采购油印室纸张等物资，还受领导委托，护送病号阮洪到广州设法找医院就医。
>
> 胡荣干同志分配到鸦湖乡草塘庄小学任教师。他患有先天性夜盲症，晚上走路困难，但他不畏艰险，晚上仍深入到农民家里座谈，进行形势教育，经过数月的艰苦发动，终于成立了地下农会和起义委员会，成为鸦湖乡（今人和镇）的一个据点。
>
> 刘广华同志最初分配到长村（禺北）工作，因受当地保长的威吓，要他离开该村，但他坚持到组织调动才转到新的地点工作。
>
> 阮洪（葆洪）、陈驭强 2 人参加游击队油印室工作。该油印室早期负责人为黄定中、司徒彤两同志。队员集训班结业后，便由阮洪负责。（二人）在上新村工作半个多月后转到大圳口村。油印室设在一间简陋的腐竹工场内。工作条件很差，生活十分艰苦，虽有门窗（却）不能开，室内潮湿黑暗，生活补给依靠当地党员和基本群众供应。营养不足，工作要日夜赶工，大量印制党的重要政策文件和各种宣传品。后来阮洪染上伤寒症，一个多星期发烧，仍然坚持工作。阮由林举雄等护送出广州就医后，上级派黄定中同志和陈驭强一起工作，出色地完成上级交付的任务。同年 8 月底 9 月初，阮洪病愈后随即分配到帽峰山游击队，担任广州东北郊人民游击队的政工

队长，李活洲为副队长。全队 10 人，后扩充至 30 多人。他们在部队积极向战士及先后到石船、矮樟、慕园、水口等村庄向农民群众进行政治宣传工作。[1]

从进入学习班到广州解放的四个月间，几名法商学院学生服从调动安排，辗转于不同工作岗位之间，发挥专长，紧密依靠群众。在生活条件艰苦，随时可能被反动军警特务发现和逮捕的危险情况下，他们一直坚持工作和战斗，表现出不畏艰难、不怕牺牲的革命精神。在党的教育、鼓励和帮助下，他们不断锻炼成长，在革命斗争中同工农群众结合在一起，共同迎来了广州解放。

[1] 阮洪：《党指引我们走上革命道路——几位法商学院同学参加广州东北郊人民游击队的回顾》，中共番禺市委党史研究室编：《解放战争时期禺东禺北革命斗争史实》，内部资料，1999 年，第 231–233 页。

第三节　坚持群众路线

当人民解放军展开全国性战略进攻后，解放战争的形势发生了根本性的变化。中共中央香港分局在分析广东的政治局势后，对斗争政策作出调整，强调要“依靠群众，与最广大的中间、后进群众结合，共同进退，掩蔽自己，麻痹敌人，渡过难关，相机前进”[1]。根据这一指示，广东各地党组织决定开展斗争，“以公开合法活动为主，更广泛深入地团结教育广大群众”，并制定“由点到面、结合工农”的方针，抽调党员骨干推动与加强农民群众运动，壮大革命力量。1947年至1948年间，番禺地方党组织先后派出一批党员到广州东北郊的村落建立群众组织，发展革命力量，发起反对国民党反动派“征兵、征粮、征税”的反“三征”斗争。

一、反“三征”，求生存

抗战期间，频发的自然灾害，大规模的粮荒和饥荒，日伪无穷无尽的掠夺，将广东人民拖入苦难的深渊。据战后国民党广东省政府民政厅统计：“原有3500万之众的广东人口，减至2980余万人。”[2]战后的广东人民同全国人民一样渴望和平，渴望休养生息、重建家园。

然而事与愿违，1946年国民党当局悍然发动内战，又通过向美国借债和滥

[1]　中共广州市委党史研究室编著：《中共广州地方史（新民主主义革命时期）》，广州：广东人民出版社，1995年，第287页。

[2]　详见《工商日报》（香港）1946年11月28日。

发纸币来缓解发动内战带来的财政危机，由此引发的恶性通货膨胀传导至农村，导致农民耕种作业的必需品，如农具、种子、肥料等价格猛涨，粮食生产成本大幅度提高，农民的生活更加困苦，农村的经济日益颓败。为了支撑内战所需的庞大军需和兵源，当局还在国统区实行大规模“征粮、征兵、征税”政策，广东作为支撑内战的后方基地，所承担的“三征”任务更为苛刻。

为完成征粮任务，蒋介石亲自出马，手令广东当局加紧催征，广东各级政府官员则“亲自下乡火急督征”，“（1946年）8月以后的广东政府，把大部分精力集中于办理征实征兵，上级迫下级，下级迫人民，电令纷驰”[1]。

征税方面，各级政府随意开征种类繁杂的税目，除征实、征借、公粮、省县公粮、积谷等田赋外，还设置了“乡公所办公费”“警察服装费”“粮食救济基金”“公教团警生活费”“竹木特产税”“水产特产税”“自卫特捐”等苛捐杂税。在地方，富裕地主往往勾结基层官吏将税收负担转嫁给农民，区、乡保甲长及各级征收人员、粮官的强征、勒索行为更是数不胜数。

由于兵力损耗严重，当局通过征兵制大规模补充兵源。抗战胜利后的三年里，蒋介石、罗卓英、宋子文等仅在广东就征发了15万名壮丁，其中80%是农村生产的主力军[2]。广东地区的青年农民为了躲避“征兵”纷纷外逃出洋，“1947年春，国民党在广东征兵3.4万人时，从汕头出洋的壮丁每星期都有三、四千人”[3]。有钱有地的富人们通过贿赂基层官吏，将壮丁名额转移给贫苦的农民。为了完成征兵任务，当局不择手段乱抓、强拉壮丁，对壮丁施以恐吓、捆绑、殴打、杀害等不人道恶行，造成严重的“征兵灾”，引发社会恐慌，“抓壮丁”已成为国民党征兵的代名词。

罗卓英和宋子文主政广东期间，吏治腐败，贪污横行。当局对关系全省人民生命安全和粮食安全的江河堤围疏于修缮，当广东连续两年遭遇大规模降水

---

[1] 力耕:《抢尽民间最后一粒谷——一年来的广东田赋征实》,《正报》1947年3月15日。
[2] 黎展:《前所罕见的粮潮——广东时局评述》,《正报》1948年1月26日。
[3] 林天乙:《浅析战后广东的粮荒》,《中国社会经济史》2002年第1期，第111页。

时，堤围不堪一击，尽数被毁，酿成了特大水灾。1947 年 6 月，广东发生“半省陆沉的大水灾”，东江、西江、北江、珠江水位高涨，堤围被洪水冲决 428 处，沿江人民随波逐流漂没丧命者 6200 余人，淹没禾田 990 余万亩，房屋被毁 5.4 万余间……[1] 腐败酿成水灾，水灾又带来饥荒，1947 年至 1948 年间，粮荒和饥荒肆虐南粤，广大农民被笼罩在粮荒、饥饿和死亡的威胁之中，农村生产生活状况恶化到极点，农民问题恶化为无法回避的社会问题。

1947 年春夏之交，广东发生大水灾，多地堤围崩溃，农田尽毁，灾民流离失所。而国民党继续顽固执行“三征”政策，使社会各阶层深受其害。各地出现了甚为激烈的民众自发抵抗活动，然而这类活动往往因缺乏统一的领导而收效甚微。在斗争中，一些进步群众开始向人民武装寻求帮助。借此时机，中共广东区党委根据中共中央的指示，作出了恢复农村武装斗争的决定，并打出“反对三征，维持治安”[2] 的口号，带领群众开展反“三征”、求生存的斗争，在农村建立反蒋、反“三征”统一战线。

1947 年，中共广东区党委在《中共中央华南工作斗争总纲领》中明确指出，华南斗争的第一期任务，就是“策动反美、反征兵征粮征税运动，激起民反”，广东各地的人民游击战争也在反“三征”斗争中得到恢复和发展。人民武装不断打击地方反动势力，给国民党统治的后方基地带来了严重的威胁。

当人民解放军战略进攻的序幕拉开后，为挽救陷入全面总崩溃的危机，国民党当局加强了对华南地区的控制。1947 年 10 月，新任广东省主席宋子文抵穗后，立即决定实行“军政一元化”，起用“宿将”（失意军人），加紧对广东各地人民武装实行军事“清剿”。1947 年 12 月当局发动“分区扫荡、重点进攻”的第一期“清剿”，1948 年 7 月实行“肃清平原，围困山区”的第二期“清剿”。至 1948 年底，两期“清剿”在各游击根据地人民武装的反抗下宣告破产，

[1]　桐庐：《论宋子文“经建”骗局之败露》，《正报》1948 年 4 月 20 日。

[2]　《关于广东武装工作意见（1947 年）》，中央档案馆、广东省档案馆编：《广东革命历史文件汇集（广东区委文件）1946.1—1947.7》，内部资料，1989 年。

华南地区人民武装歼灭国民党军及地方武装团体共 1.4 万余人，缴获各种武器近 9000 件，人民武装发展到 5 万余人，活动遍及全省 100 个县的 99 个县[1]。根据地、游击区从山地向平原发展，逐渐逼近国民党统治的中心地带。

1948 年底，粤赣湘边区党委书记尹林平在其起草的《华南人民当前行动纲领》中继续明确华南地区党组织的主要工作，即“积极领导群众对敌斗争，反对蒋府征兵、征粮、征税、征工，坚决保卫群众利益，解除蒋宋匪帮所给予各阶层人民的种种迫害与灾难，减轻人民负担，改善人民生活”[2]。同年冬天，中共番禺县工作委员会成立，广州东北郊的革命斗争在番禺县工委的领导下蓬勃发展，农会、起义委员会、妇女会、青年会等革命群众组织如雨后春笋般涌现。

二、革命群众组织涌现

星星之火，可以燎原。广州解放前夕，仅禺北平原区就已有五十多个村庄建立了革命群众组织，地下农会二十多个，解放委员会四十多个，一些村庄还实现了两种组织并行的局面[3]。在解放委员会和农会并存的村庄，农会、贫农团或农民起义军，是解放委员会的主干力量。这些革命群众组织的成立，对于发动农民参军、筹粮、筹款、筹武器、搜集情报、建立交通网、充当向导和瓦解敌军都发挥了重要作用。

1. 农会与减租三筹

中国近代的农会出现于清末，从清末到北洋政府时期，农会的定位仅为研

[1] 广东省地方史志编纂委员会：《广东省志·军事志》，广州：广东人民出版社，1999 年，第 524 页。

[2] 中共云南省委党史研究室、中共湖南省委党史研究室：《解放战争时期第二条战线：农民运动和武装斗争卷（上册）》，北京：中共党史出版社，2003 年，第 148 页。

[3] 陈康：《关于广州东北郊（原禺东禺北）党组织情况的一些回忆》，中共番禺市委党史研究室编：《解放战争时期禺东禺北革命斗争史实》，内部资料，1999 年，第 11–25 页。

究农学、讲求农务的新式团体。第一次国共合作期间，国民党与共产党共同组织以贫苦农民为主体、以推翻封建地主政权为宗旨的农民协会。国共分裂后，南京国民政府在完全推倒过去农民协会的基础上重建农会系统，对农民进行控制，并在政府及国民党部的指导下，发挥农会维护既有社会秩序的作用[1]。而中国共产党始终将农民协会视作革命政权组织，在其创建的革命根据地，农会依然被视作农村中的权力机关。

土地革命时期，农会肩负着参加土地委员会，没收和分配土地，动员青壮年农民参加红军，组织担架队、运输队上火线，转运伤员和军需品，组织农民为红军家属代耕等重要任务[2]。在新中国成立以前的解放区，贫农团、农民协会等农会组织以土地改革的合法执行机关身份存在。在国统区，农会分布在国民党统治较为薄弱的农村地区，由地下党员带头组建，负责执行政策并动员农民秘密开展斗争活动。

禺东禺北“7·2”事件发生后，地下党员司徒彤被派往新村任教。在新村期间，司徒彤等同志白天为学生上课，夜间在村中办起夜校，深入村民家中访贫问苦，带领村民重温新村先祖反帝斗争的历史，议论国民党当局的腐败无能和横征暴敛。在司徒彤的影响下，贫农出身的新村村民越敬派、越敬开、越烈昌、越广台、越汝铿等 19 人义无反顾地走上革命道路，越协星、越润保、越润松等骨干先后加入中国共产党，成为新村革命斗争的核心力量。

经过广泛地扎根串联，新村已经具备建立农会的群众基础。1948 年 12 月的一天，新村地下农会在下新村仕功越公祠正式成立，村中的积极分子越敬派被推选为农会主席（图 3-13）。

越敬派（1914—2013），1948 年因受司徒彤的影响而投身革命，1949 年 3 月加入中国共产党。曾担任新村地下农会和起义委员会主席、中共禺北中心支部委员，参与领导农民减租斗争、“筹款、筹粮、筹枪支弹药”（三筹）

---

[1] 衷海燕、唐元平：《近代中国农会立法之演进及其乡村治理之价值判断》，《南京农业大学学报》（社会科学版）2012 年第 12 期，第 81 页。

[2] 王国梁：《百年农会史研究述详》，《甘肃社会科学》2007 年第 1 期，第 131 页。

图 3-13　新村地下农会（画作）

等革命活动。根据越敬派晚年的回忆和《越氏族谱》记录，新村农会会员共分为两批。

第一批会员（1948 年加入）：越敬派、越烈昌、越敬开、越广台、越汝铿、越容继、越丽富、越敬辉、越良柱、越良锯、越丽泉、越例全、越荣健、越耀均、越协星、越润松、越润保、越润堪、越润兴[1]；

第二批会员（1949 年加入）：越家泉、越丽水、越良福、越润章、越容斯、越世友、越丽江、越社桃、越锡明、越丽垣、越丽燊、越礼荣[2]。

新村农会成立后，随即开展了一系列斗争活动。

一是"减租"斗争。解放以前，新村村小民穷，仅有几户富农、几户中农，

[1]　越敬派：《在禺北新村工作的回忆》，番禺区委老干部局、番禺区关心下一代工作委员会编：《番禺老干部革命回忆录》，内部资料，2006 年，第 216-219 页。

[2]　《越氏族谱》（上册）卷 15《革命老区》，2010 年。

其余全为贫雇农，村内没有地主，耕地多为公尝田[1]。当时田租约为水田每亩200斤稻谷、旱田每亩100斤稻谷，大小公尝都是压在村民肩头的重担。新村农会成立后，越敬派带领农会成员组成说理队伍，向村中公尝值理说情说理，使水田每亩田租减少80斤稻谷、旱田每亩田租减少40斤稻谷，分为早晚两造[2]交租，大大减轻了村民的负担。

二是筹粮、筹款、筹枪支弹药。广州东北郊人民游击队成立后，部队补给主要依靠募捐、商借、征税以及向山区和平原区村庄借用公尝谷和公枪弹药。在新村农会的游说下，新村的实力派越德安积极向党组织靠拢。越德安不仅支持和掩护地下党的工作，还私人借出日式手枪一支、子弹18发。在任公尝值理期间，越德安通过自身掌握的公尝向新村农会借出稻谷3000斤，长短枪共九支。新村村民也陆续向山区游击队提供了长枪8支、子弹200多发，粮食7800多斤[3]，帮助游击队渡过难关。

三是掩护地下党员。经过反“三征”斗争，新村村民的觉悟得到显著提高，村中的积极分子通过农会等组织聚集到一起，新村由此逐渐发展为掩护革命的坚固堡垒。地下党员们能在土匪、特务、军警密布的广州近郊较为安全地活动，离不开新村群众的掩护和支持。一次，一队国民党官兵正要进村搜查，越德安提前掌握到情况，及时到新村小学通知地下党员们赶紧转移，又出面应付官兵，成功保护了地下党员们的安全。嘉禾武工队的同志及家属也曾在新村隐蔽，得到村民们的掩护和照顾。新村面积虽小，却是禺北平原地区一个重要的革命据点。

四是散发宣传物。新村油印室编印的小报和传单，由农会成员分组前往石井、嘉禾、龙归、均禾等地秘密张贴和散发。这些带有进步内容的小报、传单

[1] 公尝田，又名共有田、祖尝田。以血统为纽带，以宗祠为中心，由子孙轮流耕种，提取租金用于扫墓、祭祀、修祠等。

[2] 稻谷等作物一年收获两次，称为两造。

[3] 陈康、司徒彤、越敬派：《解放战争时期禺北游击根据地——新村》，中共番禺市委党史研究室编：《解放战争时期禺东禺北革命斗争史实》，内部资料，1999年，第97-98页。

对于提高群众觉悟、帮助群众认清形势、动摇和瓦解敌对势力具有重要的意义，一经散发，迅速引起轰动。

五是建立交通网和充当交通员。根据越协星后人的回忆，越协星曾任党的交通员，往返于新村和市区之间传递情报。一天，越协星装扮成菜农，进入市区准备与地下党员接头，遭到特务跟踪，因及时逃跑才躲过了一劫。广州解放前夕，越协星还曾作为游击队的向导，为南下的解放军先头部队进城引路[1]。

2. 解放委员会

为配合和支援广州东北郊人民的武装斗争，做好迎接南下大军解放广州的准备，自1949年6月开始，广州东北郊的村庄相继成立解放委员会。相较于地下农会，解放委员会带有武装性质，会员阶级成分也更加多元，农村各革命阶级、爱国开明人士和知识分子，凡是反对美蒋政权，拥护人民解放事业，愿为人民解放事业出力者，均可以加入[2]。一般每个自然村成立一个解放委员会，一些小自然村采取自愿原则联合组成一个解放委员会。在地下农会和解放委员会同时存在的自然村，地下农会成员同时也是解放委员会的主力。

解放委员会一般经过个别扎根串联，由少数政治可靠的积极分子组成基本队伍后再逐步扩大，通过召开成立大会，选出负责领导会务的委员会委员。解放委员会的任务包括定期举办座谈会学习解放战争的形势和革命的基本道理、拖抗捐税、搜集递送情报、支援武装斗争、配合大军解放广州、帮助邻村建立同类组织等。

有些村庄曾主动要求地下党员前去协助组建解放委员会，也有些村庄在邻村的帮助下成立解放委员会。新村曾派出农会骨干到邻近的科甲水村秘密串联，帮助科甲水村组建革命组织；驻扎在新村的地下党员司徒彤常在夜晚到鸦湖乡

---

[1] 越协星后人口述。

[2] 陈康：《青苗处处——回忆解放前广州东北郊的群众工作》，中共番禺市委党史研究室编：《解放战争时期禺东禺北革命斗争史实》，内部资料，1999年，第30页。

的草塘庄一带做群众工作，帮助该地组织农会和解放委员会。

新村地下农会会员同时也是新村解放委员会的主力。据《越氏族谱》记载，新村解放委员会会员大多加入了广州东北郊人民游击队，广州解放后，这批越姓战士跟随游击队编入番禺独立团第二营，随部队开展剿匪清霸工作。

3. 妇女会

除组织地下农会和解放委员会外，地下党员还在禺北平原区的村庄和学校开设妇女识字班或夜校，一边教授妇女们文化知识一边讲解革命道理，通过青年妇女带动全年龄层的妇女群众，并串联她们参加解放委员会。

新村妇女夜校曾在仕功越公祠开办，共有 30 多名妇女参加，有些妇女背着孩子来听课，有些则是婆媳、母女或姐妹结伴而来。华根堃、司徒彤、黄炳才等同志担任讲师，除教授文化知识外还开展阶级教育，向妇女们讲述广大人民群众受“三座大山”压迫的根本原因，揭露国民党反动派挑起内战的阴谋；还向妇女们讲解革命形势和解放区人民的幸福生活，教育妇女们“只有起来革命，才能改变现状，只有组织起来，才有力量斗争”。

经过学习，妇女们革命热情高涨。她们主动加入解放委员会，协助农会和解放委员会开展筹款、筹粮和筹武器等活动，并积极支持丈夫和子女投身革命浪潮。一些妇女将路边的小摊档当作交通站，用来调查敌情、搜集情报。

遗憾的是，由于缺乏更详细的文字记载，新村妇女会的成员名单已难以考证。除新村外，妇女会、妇女小组等妇女群众组织也在禺北的北村、夏良村、永泰庄、南村、大圳口、古料村等村庄相继建立起来。新村所在的嘉禾地区涌现出一批妇女积极分子，其中就包括司徒彤的学生周自强的母亲——阿三。

阿三原名谢琼宽，与丈夫育有一儿一女。她为人正直善良、深明大义，不仅不畏危险参加地下妇女会，还积极支持儿女投身革命。1949 年 7 月，身患伤寒未痊愈的司徒彤为避开反对派的围剿，离开新村来到南村隐蔽。司徒彤怀揣手枪和手榴弹，步履蹒跚地走到学生周自强的家中，得到自强母亲阿三的收留和救助。

阿三看到孩子的老师拖着瘦弱的身躯赶来，料想是有紧急情况，忙把门关上，轻声问："出什么事了？"当她知道敌人又在扫荡山区游击队时，咬牙切齿道："这些斩犯、马骝精（禺北方言）又要咬人了。"她赶忙收拾好一间屋子，让司徒彤隐蔽下来。

一天，敌人突然搜查南村，在阿三家中发现了患病的司徒彤。面对敌人的盘查，阿三机智地将司徒彤认作自己的亲生儿子。敌人又追问为什么从未见过此人，她从容对答："他离家多年，刚从外地回来，甚至连乡音也变了。"阿三临危不惧，凭借着机智与果敢，最终瞒过了敌人（图 3-14）。

图 3-14　阿三机智应敌（画作）

为了保护司徒彤的安全，阿三常在南村东家坐坐、西家聊聊，避免邻居串门时走漏风声，有时一天内连续几次前往敌军驻扎的龙归打探敌人的行踪。阿三还每天煲汤水、炖肉汁，像母亲照料孩子一样悉心，直到司徒彤痊愈后离开。

三、坚固的红色堡垒

解放战争时期，新村是禺北地区名副其实的红色堡垒。新村村民用智慧和勇敢筑起一道道铜墙铁壁，一次次成功帮助革命同志脱离危险，使革命的火种燎原大地。他们与革命同志紧密联系、患难与共，谱写了一曲曲鱼水情深的佳话。

1. 千里寻“夫”

1948 年底，司徒彤曾在新村闹出了被千里寻“夫”的误会，幸得新村地下农会和起义委员会会员相助，争取到了新村村民的理解，误会才得以解除。

时已隆冬，北风凛冽，邝、李两位女同志受中共清远县委的黄信明委托，从北江前往香港为游击队购置寒衣。两人从太和站下车，前往新村途中遭遇抢劫，靠冒认作司徒彤的妻子，得到当地村民的帮助，才顺利抵达新村。

一到新村，见到在榕树下、祠堂门口三五成群聊天的村民，带路的村民就大声疾呼：“她是司徒先生的老婆，是来找司徒先生的，刚才在公路上被贼仔抢嘢呀！”村民们议论纷纷，有说“我到过广州司徒先生的家里，他是没有老婆的”，也有说“这可能是被遗弃的妻子，现在来揾老公呀”，年老的村民推测“看先生的人品，不会是抛妻弃子的陈世美，一定是抗战逃难时失散了的妻子，现在打听到丈夫的下落，便千里寻夫来了”。顿时满村风雨，司徒先生的“妻子”千里寻“夫”成了新村的热门话题（图 3-15）。

事出突然，司徒彤猜想可能是党组织的同志，便热情接待。招呼完村民们休息后，邝同志拉着司徒彤来到新村小学教室，低声说道：“我们是黄信明派往香港筹款购买寒衣给游击队的，刚才途中被抢，不得不冒认是你的老婆，你对外要认我们是夫妻关系，以免引起怀疑。”黄信明是中共清远县委的领导人之一，又是江北支队第四团团长，曾同周伯尧来过禺北，司徒彤与之相识[1]。

[1]　司徒彤：《往事四则》，中共番禺市委党史研究室编：《解放战争时期禺东禺北地区革命斗争史实》，内部资料，1999 年，第 116 页。

图 3-15 千里寻“夫”（画作）

地下农会和解放委员会的负责人越敬派、越敬开当晚带了手枪赶来学校，和司徒彤一起护送两位同志到马市岭村周伯尧处。返回新村后，三人权衡利弊，决定分别向村民解释假认夫妻一事，称“邝小姐是周伯尧先生和司徒先生的旧同事，前来探访周伯尧，途中被抢不得不冒认是司徒先生的老婆”，说服村民不要外扬，以免影响司徒先生的声誉。有些喜爱粤剧的村民，听到解释后笑说：“估道是千里寻夫，原来却是假凤虚凰。”[1] 在新村村民的维护下，这场千里寻“夫”风波很快就平息了。

2. 铜墙铁壁

1949 年初秋，中共禺北平原区委书记陈康约司徒彤和李活洲在新村小学碰头，传达和研究上级指示。一拨国民党官兵突然进村搜捕，地下党员们在新村村民们的掩护下及时撤离，最终化险为夷。

当时，司徒彤正组织嘉禾武工队在广花公路两旁的村庄活动，李活洲刚调

[1] 司徒彤：《千里寻夫》，中共广州市番禺区委老干部局、广州地区老游击战士联谊会番禺分会编：《番禺老游击队战士回忆录》，内部资料，2013 年，第 97-101 页。

来南村。两人如约抵达新村小学，交谈了半个小时，仍不见陈康到来。在革命年代，共产党人随时都有被捕杀头的危险，两人正惶惑间，见越敬派、越敬开扛着锄头从田间匆匆跑回，称“国民党大队官兵进入长湴村，其中一拨人正朝新村方向走来”，还让两人赶紧转移（图 3-16）。

长湴村距新村约一里路，步行只需七八分钟。司徒彤见状，立即从棉被底下取出手枪，藏在怀中。两人刚走出校门，只见新村小学的名誉校长、地下党的联络员越德安戴着竹帽匆匆跑来，气喘吁吁地说：“国民党的军队快进村了，你们立即逃走，否则来不及了。”司徒彤拜托越德安将放在米缸中的传单取出藏好，与李活洲向村外跑去。两人跑到村口时，一拨国民党官兵已走进学校。

走出几百米远后，司徒彤担心即将到来的陈康“羊入虎口”，便让李活洲回南村隐蔽，等候联系，自己折回新村等候陈康，以免陈康在毫无防备的情况下贸然进村撞见国民党官兵。

新村村口的公路旁盖了一间小茅棚，是农会会员越广台经营的卖香烟零食的杂货摊。这间杂货摊，实际已成为党的地下交通站，地下党员们常通过这间杂货摊将情报送至新村。

图 3-16　通风报信（画作）

司徒彤走近时，只见越德安早已在杂货摊等候。原来他将传单藏好后，担心有同志不知情况贸然进村，于是提前到杂货摊拦截。越德安主动承担起等候陈康的任务，一再让司徒彤离开暂避，由他摸清情况后再作打算。司徒彤便往北前行，回到先前隐蔽过的南村。陈康抵达村口后，也因及时得到越德安的提醒而安全转移。

多年以后，司徒彤仍然不忘新村人民的热情相助，他在晚年回顾这段经历时，还感叹道："新村的农民多好啊！是他们一次又一次冒着生命危险掩护我们，使我们一再化险为夷。路上，我回头远望新村，见到的仿佛是一道铜墙铁壁，是新村农民筑起的一道铜墙铁壁！"[1]

[1] 司徒彤：《铜墙铁壁》，中共广州市番禺区委老干部局、广州地区老游击战士联谊会番禺分会编：《番禺老游击队战士回忆录》，内部资料，2013 年，第 104-107 页。

第四节　团结进步力量

国民党当局撕毁《双十协定》，蓄意挑起内战后，又大肆迫害民主党派和爱国人士，大批民主党派和民主人士被迫转入地下活动，残酷的现实使他们逐渐抛弃对国民党的幻想，进一步向中国共产党靠拢。随着人民解放战争节节胜利，各民主党派、民主人士紧紧团结在中国共产党领导的统一战线上，实现了自身的历史性转变。

在广州东北郊，中共禺北独立区委与农工党、民盟地方组织携手合作，相继创建了广州东北郊人民游击队和禺北平原地区多支武工队等革命武装，合作建立沙河镇情报站、嘉禾市联络站等情报联络站[1]，还联手将农工党员江坤、中共党员陈伟文等人秘密掩护进广州警备司令部沙河独立中队工作，并在解放前夕成功策动了一批国民党军政人员起义，为和平解放广州作出了重要贡献。

一、活跃在广州东北郊的农工党

全面抗战初期，农工党以抗战教育实践社的名义来到广州东北郊开办民众夜校，在农民间扫盲和宣传抗日救亡。经过一年多的发展，广州东北郊有九条村相继建立农民识字班，夜校由禺东扩大到禺北。每当夜幕降临，村民持火把来上学，从远望去，如火龙游动，十分震撼[2]。抗战教育实践社在夜校基础上组

[1]　梅日新：《广州东北郊的野火春风》，中共番禺市委党史研究室编：《解放战争时期禺东禺北革命斗争史实》，内部资料，1999 年，第 64 页。

[2]　梅日新：《坚持战斗　赢得胜利——纪念中国人民抗日战争胜利 50 周年（连载）》，《前进论坛》1995 年第 7 期，第 10 页。

建起“抗日青年团”，吸收了当地五六百名青年参加。为了适应战时需要，实践社在抗日青年团中挑选了政治觉悟较高、具有小学以上文化水平的150名青年进行短期政治、军事训练，提高这些青年的政治觉悟和军事常识，为后来向粤北进军和组建游击纵队打下坚实基础。

1938年7月7日，七七事变一周年，广州市几十万名群众举行声势浩大的火炬示威大游行。抗日青年团成员和东北郊的农民们在农工党员梅日新的带领下，在沙河和新市集合，加入广州市民的游行队伍。他们高举火炬，呼喊“保卫华南，保卫广东，保卫广州！”的战斗口号，高唱抗日歌曲——“动员！动员！全国总动员！”“工农商学兵，一齐来救亡！”“民众起来，打倒日本鬼！”，嘹亮的歌声回响在半空中。

同年8月13日，广东全省开展“八一三”抗日救亡献金运动。梅日新带领几十个青年学生到禺北太和市进行抗日宣传，以演剧和唱歌的方式动员群众献金。活动进行到高潮时，太和乡公所竟出动警察干扰，公然逮捕梅日新。当天正是圩日，大批趁圩的农民得知消息后，愤怒地包围乡公所，抗议乡长谢燕坤无理捉人。农民们高唱救亡歌曲，高喊抗日口号，乡长谢燕坤迫于群众压力，不得不将梅日新释放[1]。

1938年10月12日，日军从大亚湾登陆，广州弃守，随后沦陷。农工党员司徒卫中和梅日新共同带领抗日青年团往粤北进军，在新丰县进行抗日救亡军事训练。梅日新后任国民革命军十二集团军一八六师政工队队长，与共产党、国民党、其他民主党派成员及无党派人士合作抗日、共赴国难，先后参加两次粤北战役。

司徒卫中在1939年春率领同和、东平的青年抗日武装队伍230多人进驻位于帽峰山南麓的东坑村，在敌后的番禺、增城、从化、龙门等地开展抗日游击活动，动员当地青年加入抗日队伍。1940年，帽峰山抗日游击队扩大为番（禺）

[1] 郭颂涛：《风雨同舟六十年——〈梅日新传〉略》，梅日新、吴锦华：《足迹——〈凯芳居文集〉续集》，广州市政协内部资料，2001年，第106-108页。

增（城）龙（门）从（化）民众抗日游击纵队，下设三个大队，队员共有1000多人，队伍活跃于广从、广汕公路一带和广州东北郊的同和、联和、太和等日占区，经历大小战斗10余次，歼灭日军军官9人，日军军曹9人，日军、伪军共1000多人。当年的游击队员回忆了几次难以忘怀的战斗[1]：

1. 智歼敌人检查站

从增城八斗村、幕园到联和，有数道日军设置的检查站，其中一个设在联和东南门外，男女老幼经过时都要脱光衣服，赤条条地让日本哨兵检查，不少妇女因此受欺凌，群众恨之入骨。游击纵队得知后，决心拔掉这个哨所，为同胞报仇雪恨。经事先调查和观察地形后，游击纵队决定派出何甘棠、何佳、何炳章等率领枪法好的八个敢死队员执行任务。其中四人携带四支步枪，埋伏在制高点作掩护，另四人将八支快掣驳壳藏在炭箩里，化装为卖炭妇女，穿插在妇女群众之中。来到敌人哨位前时，游击队员蹲下假装脱衣服，随后拿出武器，一声口令的工夫，即把四个哨兵解决了。同行的卖炭妇女不知发生了什么事，慌张地向四处逃散。当日军大队人马赶到现场时，游击队早已完成撤退。这次奇袭大快人心，老百姓也盛赞游击纵队勇敢机智，为民除害。

2. 在反包围中取得胜利

1941年5月的一个深夜，日军100多人，纠集伪军200多人，汉奸、土匪200多人共500多人，组成一支混合队伍，向游击纵队司令部进犯。敌伪军侵入游击纵队的驻地满山和记猎山时，被中队长何九发觉，何中队长一面带领游击纵队战斗，一面派情报组赶往司令部报告，司徒卫中同志立即布置各大、中队互相配合，迎头痛击敌人。在战斗中，何中队长英勇机智，一次又一次打退敌人的进攻。游击纵队一直战斗到天亮，直到敌人炮轰游击纵队阵地并占领了几

[1] 梅日新:《坚持战斗　赢得胜利——纪念中国人民抗日战争胜利50周年(连载)》,《前进论坛》1995年第8期，第10页。

个制高点后，才在敌强我弱的情况下且战且退，冲出包围圈。队伍一直撤退到同和乡榕树头、握山一带掩蔽起来。这次战斗中，李辉等 13 个同志英勇牺牲，游击纵队打死敌伪军 90 余人，取得了一次反包围战斗的胜利。

3.60 余名队员壮烈牺牲

1940 年初的一天，司徒卫中和何甘棠计划布置一个中队，携带炸药和轻武器去点爆日军占领的天河机场。情报员临时送来信息，称日军早已沿途设防，五步一岗，十步一哨，炸药无法输送进机场，这一计划于是落空，众人只好返回司令部。当队伍行进到石船村附近时，先头部队同敌人哨兵遭遇。后经了解，才知道是国民党六十三军勾结敌伪、土匪等共 700 多人包围了游击纵队大队部。原来，游击纵队的迅速发展早已引起日本侵略者和国民党反动派的恐慌。一位杨姓中队长指挥百余名游击队员拼死抵抗，但由于寡不敌众，最终未能突出包围圈，60 多名游击队员被俘。敌伪军对他们严刑拷打，不断追问司令部的地址和司徒卫中的行踪，队员们始终守口如瓶、宁死不屈。翌日，敌伪军竟将这 60 多位同志押到罗布洞附近，以“勾结”共产党的罪名，用机枪扫射将他们全部杀害。

1941 年，游击纵队司令司徒卫中被国民党当局逮捕。由于群龙无首，抗日游击纵队被迫在 1941 年春夏之间解散。时任中共湛江区委书记谢永宽曾对这支抗日武装作出了积极的评价：“司徒卫中在抗日战争开始后，积极参加抗日救亡活动，在广州郊区帽峰山一带组织民众武装，打击日伪统治。在农工党的领导下，任番（禺）增（城）从（化）抗日游击司令，曾同我们联系，研究今后如何开展敌后游击战争……他同我们合作得很密切，他参加抗日战争是坚决的和积极的……”[1]

内战爆发后，广州处在一片白色恐怖之中，国民党反动派大肆镇压民主运动，农工党被当局视作非法组织，其机关报《人民报》也被当局以取缔平日专售、

[1] 梅日新、吴锦华：《战斗的八年》，《战斗岁月》，内部资料，1988 年，第 15 页。

发行或印刷各种“违法”书报为名强行封禁。由于民主革命无法在城市以合法、公开的形式进行，农工党于是转入地下活动。

1946年夏，农工党员钟焕文和吴锦华分别到广从公路沿线的同和乡握手村和广花公路沿线的马市岭村开办两间小学。两名同志确定了以下工作原则：

（一）以学校为工作据点，以教师身份作掩护开展农村民主运动。教好学生，争取家长的同情支持，并通过他们去联系群众。

（二）以《和平建国纲领》作为宣传方针，结合农村实际情况进行工作，反对国民党的“三征”（征兵、征粮、征税）政策，争取群众，团结广大农民群众。

（三）重建马市岭、握手村农工党支部，开展组织活动。[1]

农工党员们向群众讲时事、讲革命故事，宣传解放军在战场上取得的胜利，宣传共产党的政策，使学校成为教育和团结群众的中心。每天晚饭后，当地的青年男女们不怕天黑路滑，点燃农村常用来照明的“竹枝”，成群结队来上课；学校也燃起“大光灯”[2]，场面热闹感人。

1947年，农工党在东平横江村、大澜滩村、大圳口村、扒沙井村新建了四间小学；1948年春，又在广从公路与广增公路之间的水口村、慕园村、木褔村、八斗村建立四间小学。两年多时间里，农工党先后在广州东北郊建立了11间学校据点。当时的教师，多为农工党员和民盟盟员，也有交叉的共产党员。

1948年初，中国人民解放战争进入战略反攻阶段，形势发展对民主党派开展工作十分有利。为配合解放军南下，开展游击战争，培养本地军事、政治干部，农工党地下组织在东平地区组织农民行动互助团。组织的目的是——“我们

[1] 梅日新：《广州东北郊的野火春风》，中共番禺市委党史研究室编：《解放战争时期禺东禺北革命斗争史实》，内部资料，1999年，第52页。

[2] 吴锦华：《回首马市岭村的战斗历程》，梅日新、吴锦华：《足迹——〈凯芳居文集〉续集》，广州市政协内部资料，2001年，第27页。

处在这官吏横行，盗匪如毛，混乱而腐败的社会里，深感我们的生活与行动时受压迫和侵害，乃倡议组织农民行动互助团，借以集体力量来保障我们的生存、自由与幸福。”互助团的团员大部分在后来加入广州东北郊人民游击队，其中不少同志是农工党员或交叉中共党员（图 3-17）。

互助团的信条为：

（一）拥护真理，支持正义。

（二）反对内战。

（三）反对征兵、征粮及一切不合理的捐税。

（四）反对贪官污吏及土豪劣绅。

（五）反对强欺弱、大欺小。

（六）反对自私自利、剥削他人。

（七）甘苦共尝，患难与共。[1]

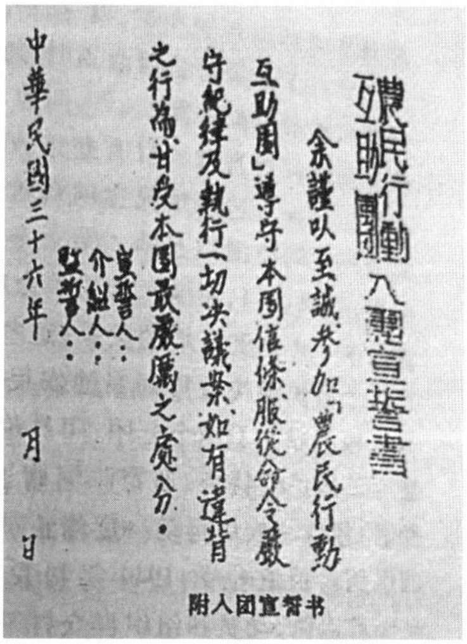
農民行動互助團入團宣誓書

余謹以至誠參加「農民行動互助團」遵守本團信條、服從命令、嚴守紀律及執行一切決議案，如有違背之行為，甘受本團最嚴厲之處分。

宣誓人：
介紹人：
監誓人：

中華民國三十六年　月　日

附入团宣誓书

图 3-17　农民行动互助团入团宣誓书

[1]　梅日新：《广州东北郊的野火春风》，中共番禺市委党史研究室编：《解放战争时期禺东禺北革命斗争史实》，内部资料，1999 年，第 55 页。

当时广州东北郊社会情况复杂，既有进步力量如中共地下党和民主党派活动，又有国民党的旧乡、保、甲长和土豪劣绅执行“三征”暴政，还有土匪武装如张金声、高道铭、谢大傻等打家劫舍，鱼肉乡民，无恶不作。因此，将农民组织起来组建自卫武装，克制宗族纠纷和械斗，强调农民之间团结互助，完全符合当地农民的期望。互助团一经组建，很快就得到当地农民的拥护，团员最多时达到100多人。不久之后，广州东北郊发生了一起国民党军警特务逮捕进步教师的禺东禺北“7·2”事件，一批农工党员被捕，互助团因缺失主心骨而被迫停止活动。互助团动员和组织群众的一系列行动，为后来广州东北郊人民游击队的组建打下了坚实的基础。

1948年7月2日，禺东禺北地区九名进步教师被捕入狱，梅日新亦遭国民党当局通缉。他在处理完遗留问题后，于1948年7月底秘密转移到香港。在港期间，梅日新等民主党派人士通过参加中共领导的反对中间路线的斗争，以及李伯球、郭翘然同志组织的干部学习班，逐渐明晰了对新民主主义革命性质和革命前途的认知，特别加深了对接受中国共产党领导的必要性和重要性的认识，坚定了革命必胜的信心。

不久，梅日新被民盟和农工党广东省委委任为番禺、增城、从化、花县、龙门五县组织的负责人，于1949年3月12日化装成商人秘密返回广州东北郊。

> 为了避开特务的注意，我化装成一个大商人的模样，穿起笔挺的西装、光亮的皮鞋，戴上太阳眼镜，夹着皮包，到启德机场乘飞机返回广州，其实我腰包里只有几十元港币。飞机抵达目的地时，由当时负责地下情报工作的在国民党广州市政府任总务科长的钟岱同志派一辆吉普车接我，直接把我送到广州市郊区的工作据点去，这带点戏剧性的行动使我又度过了一关。[1]

---

[1] 梅日新：《八十情怀忆过关》，梅日新、吴锦华：《往事》，中国农工民主党广州市委员会内部资料，1998年，第21页。

梅日新一回到禺北，就立即找到中共禺北独立区委的徐幽明、周伯尧等同志，明确表示："我是民盟和农工党组织的地方负责人，我诚心诚意地接受中国共产党的领导，我们在山区所有的组织成员也无条件地接受中国共产党的领导。"[1] 梅日新向禺北独立区委介绍民盟和农工党的基层干部情况，还就组织武工队和开展游击活动的计划与禺北独立区委商讨，得到后者的肯定。

禺北独立区委和民盟、农工党地方组织真诚合作、同舟共进，为实现共同的目标而奋斗。1949 年 5 月，广州东北郊人民游击队正式成立，中共党员李汉光、农工党员梅日新分别率领二三十人，携带枪支赴帽峰山集结，各村庄农会也纷纷组织青年农民上帽峰山。10 月 13 日晚，解放大军抵达太和，梅日新率游击队员担任解放军进入广州的向导。不久，游击队改编入中国人民解放军粤赣湘边纵队番禺独立团第二营，一批农工党、民盟同志被任命为班、排、营干部，一批参加地方政权建设，还有一批担任中小学校长、主任，继续奋斗在各条战线上。广州东北郊的民主党派，在中国共产党的领导下，为广州解放、为新民主主义革命胜利作出了自身的贡献。

二、打入敌警备司令部

长久以来，广东一直是国民党统治集团维持长江以南统治的后方基地。1949 年 1 月，蒋介石免去宋子文在广东的职务，委派薛岳接任广东省政府主席，余汉谋接任广州绥靖公署主任，张发奎任海南特区行政长官兼海南建省筹备委员会主任。薛岳上台后，为巩固广州的外围防线，继续纠集地方武装势力，对广州郊县的人民武装发动进攻，并密谋镇压广州的革命力量。

1949 年 4 月，农工党从沙河镇情报站获悉，广州警备司令部计划在各地组

[1] 梅日新：《广州东北郊的野火春风》，中共番禺市委党史研究室编：《解放战争时期禺东禺北革命斗争史实》，内部资料，1999 年，第 62 页。

织刑警队，扩充地方武装，力求保住广州这座维系华南统治的最后基地。当时，农工党已陆续在广州东北郊建立嘉禾市联络站、沙河镇情报站、联和市联络站和同和村联络站（即协兴石场）等情报联络机构，农工党员江坤在组织的安排下经营一间白云酒楼作掩护，方便革命同志们往来沙河接收和传递情报。掌握到这一情报后，江坤迅速向中共禺北独立区委的周伯尧反映，经过共同研究，两人决定把握难得的机会，秘密将革命力量打入敌警备司令部（图 3-18）。

时值南京解放前夕，广州地下党组织决定陆续将工作重点转移到迎接广州解放、准备接管上来。围绕这一中心任务，党组织力量，通过各种渠道，抽调党员和外围组织成员打入敌人的重要部门和机构，以掌握敌内部的情况和动向。

梅日新利用农工党的关系，将江坤和中共地下党员陈伟文（原名陈鹏）打入敌警备干部训练班受训。1949 年 6 月，国民党广州警备司令部第一总队第三大队及沙河独立中队（第十中队）经过筹备后在沙河正式成立，江坤任第十中队队长，陈伟文任文书。此外，第三大队队长赖祥辉、副大队长何甘棠、总务何春林均为农工党员，文书由陈伟文兼任。两支“白皮红心”的队伍虽挂名国民党麾下，但骨干都是革命同志。

由于统战关系稳固，第三大队和第十中队成立后，随即与游击队形成了积

图 3-18　将革命力量打入敌警备司令部（画作）

极的策应关系。卧底在白营的农工党员和中共地下党员暗中帮助一批进步青年上帽峰山，并不时运输武器弹药和医药品补给游击队。还将大队和中队的证章交给游击队员使用，方便游击队员在广州东北郊自由通行。

1949 年 7 月 20 日下午 3 时，广州警备司令部向驻点在沙河的第三大队和第十中队下达命令，要求两部在当晚会同沙河刑警大队和地方民团，前往帽峰山围剿游击队。情况紧急，时间紧迫，江坤和陈伟文果断雇车赶往太和大源洞交通站，向李活洲传递情报，请他立即上山通知游击队迅速转移，切勿延误。

根据情报，当局当晚将集结 1000 多名军警，一路从太和北上，一路从联合包抄，兵分两路围剿游击队。广州东北郊人民游击队第三区队队长梅日新和周伯尧分析形势，认为："在整个中国战场是我强敌弱，在华南地区则是敌强我弱。小分队枪支弹药不足，不适宜与敌人作正面战斗。"[1] 于是迅速通知各分队，立即化整为零，趁着月色朦胧，迅速转移到平原区的一些村庄中隐蔽。当晚，敌人扑了个空，第三大队和第十中队在山中乱放一阵枪，权作"进剿"，又编造一套理由应付上级的追查。正是当时江坤、陈伟文等同志深入虎穴，机智勇敢地探取真实情报，才使部队避免了不必要的牺牲和损失，保存了实力。

部队转移时，曾派专人通知同在帽峰山活动的粤赣湘边纵队东江第三支队直属先遣总队转移。无奈山路崎岖，时机延误，先遣总队在九佛竹山向迳下村开会时，被国民党军警从四面包围。在突围战斗中，总队长朱骥、政委崔楷权、大队长陈光照等 7 人壮烈牺牲，另有 4 位战士被俘后惨遭杀害。

广州解放前夕，第三大队和第十中队被勒令解散，江坤等人又集资在沙河继续经营白云酒家，继续与禺北独立区委合作。

---

[1] 梅日新：《广州东北郊的野火春风》，中共番禺市委党史研究室编：《解放战争时期禺东禺北革命斗争史实》，内部资料，1999 年，第 64 页。

三、拓展乡村统一战线

在传统中国社会，乡绅、地方官吏对乡村事务具有一定支配力和影响力，以此为主构成的村居地主群体，既是传统社会中的权威力量，也是维系国家权力与社会基层的桥梁和纽带。近代以来，随着国家权力向社会基层渗透，大量旧军人、旧团体领导者参与基层社会统治。乡村上层势力的构成呈现出复杂态势，大致可分为几个类别：乡村基层政权的官员及其延伸，包括乡保甲长、常备警卫队、自卫队等；旧势力的经济支柱，如地主、富农及小商业经营者等，他们的政治态度一般介于落后、动摇和进步之间；返乡的退伍军人、乡村知识分子（以教师为主）、归侨及侨眷，他们眼界开阔、相对开放，是重要的团结争取对象。

中共番禺县工委在正确分析广州东北郊复杂乡村生态的基础上，决定加强同民主党派的团结合作，加强与乡村上层人物的联系，拓展乡村的统一战线。除在政治上极端反动、严重欺压人民，不根除就不利于开展活动的恶霸分子外，在反“三征”的原则下，一般采取争取、团结、教育的方针[1]。在禺北，地下党员把学校当作开展工作的主要阵地，边任教边摸清当地的社会关系和复杂生态，利用教师身份做好乡村上层人物的争取、团结和教育工作，并从在校学生和农民群众中发现和培养积极分子，逐步打开工作局面。

1. 建立“白皮红心”的革命政权

“白皮红心”策略，是解放战争时期，党在国民党保甲基层体系中建立“两面”政权的对敌策略，主要指将国民党基层保甲官员发展为身披“白皮”却心系党和人民的“两面派”。中共禺北平原区委通过实施该策略，在禺北建立了一些“白皮红心”革命据点。其中新村就是在禺北中心支部的领导下，建立起“白皮红心”的革命政权，发展成掩护革命的坚固堡垒。

---

[1]　周健夫:《解放战争期间在广州市郊区和番禺县工作的回忆》,中共番禺市委党史研究室编：《解放战争时期禺东禺北革命斗争史实》，内部资料，1999 年，第 8 页。

新村农会派出骨干担任村保长，将村中实权掌握在自己手中。农会还争取到均和乡乡长越德安的支持，当时国民党番禺县政府下达到均和乡的大小指示、密令，越德安都及时甄别，将其中重要的情报及时传递给地下党员。因工作关系在新村活动过的数十位地下党员，在新村保长和村民的掩护下开展革命工作，其间从未发生过意外。新村虽小，却是一个重要的革命据点。

2. 争取村中进步实力派支持

乡村上层掌握着国统区公开合法的基层政权以及武装力量，如警卫队、自卫队、民团等，一些乡绅、保甲长拥有较丰富的社会经验和活动能力，族长则掌握着村中的公尝和武器。广州东北郊靠近国民党在华南统治的中心地带，地下党员想要顺利取得教职、动员村民、动用枪械、借用公尝、筹粮筹款，往往离不开当地实力派的默许或支持。

中共党员郑英同志凭着与石井乡乡长张文同为伍观淇旧部的这层关系，在石井乡中心小学担任校长，他安排一批地下党员任校职工，使学校成为可靠的革命据点，中共禺北平原区委曾多次在此秘密召开会议，从未被敌人发现[1]。郑英又通过古料中心小学，逐步将周围南村、北村等村庄的小学掌握起来，革命据点村庄逐渐连成一线。

新村的地下党员感召了村中的实力派人物越德安，促使他完成了从对党产生信任、同情革命者到投身革命工作的巨大转变。越德安年轻时曾在英国务工，抗日战争全面爆发前回国。他为人正直、办事公道，且乐于助人，深受村民认可，回乡后便被推选为乡长、新村小学名誉校长、新村公尝值理，在村中属掌握实权的上层人物。

越德安任公尝值理时，动用自身掌握的公尝，向新村农会借出3000斤稻谷、九支长短枪，私人借出一支日式手枪、18发子弹，这些物资补给帮助游击队渡

[1] 陈康：《关于广州东北郊（原禺东禺北）党组织情况的一些回忆》，中共番禺市委党史研究室编：《解放战争时期禺东禺北革命斗争史实》，内部资料，1999年，第20页。

过了难关。任新村小学名誉校长期间，越德安多次帮助地下党员串联别村上层人士，掩护地下党员的革命活动。1949 年初秋，中共禺北平原区委书记陈康约司徒彤、李活洲在新村小学研究工作，一队国民党官兵从长湴村来新村搜查，事发突然，越德安立即赶到新村小学通知同志们转移，并将来不及转移的小报、传单藏在后园竹林和厕所，亲自出面应付敌兵，保护了革命同志们的安全（图 3–19）。

图 3–19　越德安掩护地下革命者（画作）

3. 略施巧计分化顽固势力

嘉禾乡乡长黎宝君是横行乡梓的恶霸劣绅，又是操纵乡里武装的实力派。1949 年 6 月，中共禺北平原区委为了减少解放阻力，指示新村地下党员司徒彤和罗雨对黎宝君势力进行分化瓦解，争取说服他严守中立，不要顽抗到底。

黎宝君的胞弟黎宝祥，时任嘉禾小学校长，为人正派，颇有声望。黎宝祥的妻子与司徒彤在南村教书时的学生周山又是亲姊妹。有了这几层亲缘关系，司徒彤便想到求助周山来了解黎宝祥的态度倾向。周山在校期间就参加了由司徒彤组织的新民主主义青年团，政治上可靠。她欣然接受了司徒彤的委托，在与姐夫攀谈时局的过程中打听他的态度，了解到黎宝祥早已对国民党的腐败统治心有不满。清楚了黎宝祥的立场后，司徒彤和罗雨决定登门拜会。

时已炎夏，天气酷热，司徒彤和罗雨穿上唐装，各怀一支手枪，从集贤庄绕道至嘉禾小学。嘉禾小学，原名嘉禾中心国民学校，创办于 1945 年，校址设在嘉猷岭上的嘉猷古庙里。嘉猷古庙建于清乾隆二十六年（1761），是当地人礼拜庙会、祈雨消灾的场所[1]。

考虑到嘉禾小学与嘉禾乡公所和自卫队相距不远，司徒彤和罗雨做好了充分的准备，事先约好由斗争经验更丰富的罗雨观察情况，司徒彤负责谈判。两人漫步走至校务处门口，客气地问黎宝祥有事前来拜访，可否抽点时间指教。黎宝祥见来者彬彬有礼，毫无恶意，料是教育界同仁，便领着两人到会客室商谈，斟茶奉客。司徒彤说："仰黎校长在地方德高望重，今天特地前来拜访！"黎宝祥回敬："不敢当，不知两位大驾光临，有何指教？"司徒彤旁敲侧击地说："黎校长素来忧国忧民，关心国家大事，一定会看到解放大军南下解放广州已为期不远了。"黎校长见陌生人突然说出这一段话，略显吃惊："唔，唔，我们身在农村，孤陋寡闻，请指教……"两人随即表明来意，称："解放军已进入粤境，共产党派我们来与黎校长商谈，希望得到您的大力支持。"说罢故意露出手枪，显示已有戒备，切勿通风报信，否则枪下无情（图 3-20）。

黎校长感到今日谈话非同小可，霎时间脸色青白，声音颤抖地说："请……请……请指……指教……"司徒彤压低声调，转变成友好的语气，与他谈论时局，请他做好三件事：一是劝告黎宝君，切勿与人民为敌，既往不咎，只要今天放下屠刀，就可以立地成佛；二是向教师和百姓宣传解放军三大纪律八项注意，安定人心，欢迎大军解放广州；三是筹款、筹粮，支援南下大军。黎宝祥表示接受意见，一定大力支持，司徒彤和罗雨由此成功地完成了一次统战任务。

此外，中共禺北独立区委派出地下党员陈鹏对沙河警察局进行策反。陈鹏从警局一位张姓巡官的言行举止中观察到他具备进步倾向，于是主动接触，进

---

[1] 黎迪昌：《嘉禾中心小学教工剧团》，《白云文史》（第 13 辑），1999 年，第 32 页。

图 3-20 司徒彤、罗雨分化顽固势力（画作）

行团结教育，使张姓巡官最终倾向人民，并带动警局其他进步警员起义。广州解放前夕，禺北独立区委交代张姓巡官，务必坚守警局，照常维持治安，管理武器弹药，保护国家仓库、机关、文物及人民财产安全等。10 月 14 日，当人民解放军先头部队进入广州东北郊时，沙河地区的敌军警纷纷窜逃，而沙河警察局除局长等头目外逃，其余警员均坚守在原地，维持秩序。当先头部队抵达沙河后，张姓巡官等可靠警察还奉命带领先头部队进入广州城。

第五节　壮大革命声势

渡江战役结束后，中共中央华南分局指示华南地区各党组织将工作重点迅速转到迎接解放、准备接管上来。此时，全国范围内的解放已胜利在望，而广州作为国民党维系华南统治的大本营，却仍面临着交替时期的种种混乱。由于敌人在溃退前大肆散播谣言、蛊惑人心，为了消除群众的疑虑和顾虑，广州郊县各地方党组织纷纷采取了一系列措施，宣传党的政策和解放军的命令、公告，团结教育群众，为南下解放军入粤作战、解放广州营造了舆论声势，扫除了一些障碍。

一、解放前夕的广州形势

南京解放后，国民党政权首脑机关总统府等南迁广州，行政院院长兼国防部部长何应钦及各院高级人员均逃至广州，广州成了国民党反动统治的大本营。

中共中央华南分局十分重视迎接解放、准备接管的工作，并对此作出具体的指导和支持[1]：一是加强宣传方面的指导，通过《华商报》和《群众》杂志大量转载中共中央文件、刊登新华社电讯，有关广东广州时局的社论、评论、新闻报道等，先在香港形成舆论，再直接将进步书刊向广州运送和散发。二是加强党的外围组织活动，筹备成立“广州工人协会”，将成员打入不同产业和公用事业部门，做好迎接解放和接管城市的准备。三是组织培训，输送接管广州

[1]　中共广州市委党史研究室编著：《中共广州地方史（新民主主义革命时期）》，广州：广东人民出版社，1995年，第303-306页。

的干部，组建中国人民解放军粤赣湘边纵队东江教导营、华南工作团，招收一批文化程度较高的学生加以训练，从老革命区抽调一批干部组成南下工作团，参与接管。四是统筹考虑广州解放后的物资供应和财政问题，为广州解放后的物资供应提前做准备。

根据华南分局的指示精神，广州市委在1949年5月20日发出《解放前夕广州形势与当前任务》的提纲，7月1日又发出关于这一提纲的《补充意见》，共提出以下七大任务[1]：

（一）确立接管城市中几个基本思想与发展方向，明确认识接管广州主要是依靠南下解放军，依靠工人阶级，动员一切力量在产业工人中建立据点。

（二）开展宣传攻势，解释我方政策，化疑虑为动力，利用香港进行大规模的文字宣传，广州方面密切配合。

（三）全党深入群众，组织应变迎接解放斗争，号召团结互助、护厂护校。保存档案物资，防止搬、卖、破坏，预防真空期间的抢劫，为人民立功。

（四）扩大秘密群众组织，宣传公开，组织秘密，联系分散，领导统一。

（五）加强调研工作，搞出所有主要部门的接管底册，准备掌握各单位全面情况的干部，防止盗卖迁移及变相破坏。

（六）布置监视敌特，摸清敌人的阴谋及部署，掌握具体人物名单，瓦解敌特阵营，以适当名义及形式进行警告或命令。

（七）准备干部力量，加强思想政治教育。严格干部使用制度，按政治身份，业务专长及工作需要统筹安排。

广州党组织作出以上部署之后，全体党员和外围组织成员纷纷响应号召，通过秘密出版刊物传达党中央的声音，组织力量打入广州各单位准备接管材料，利用合法名义公开号召和组织护厂护校、保卫公共设施等活动，开展筹物筹粮，为广州顺利接管做好支前准备工作。

---

[1]　中共广州市委党史研究室编著：《中共广州地方史（新民主主义革命时期）》，广州：广东人民出版社，1995年，第300-302页。

二、发动宣传攻势

内战爆发后，国民党当局极尽妖魔化人民解放军之能事。国民党党报《中央日报》及国统区反动报刊屡屡刊登丑化解放区、抹黑人民解放军的报道，不断歪曲解放军的公众舆论形象。例如《中央日报》宣称解放军用“富人的钱，地主的地，穷人的命，来做造乱的资本”[1]，抹黑解放区土地改革运动为“巩固匪区，发动叛乱，以民殉地，为其政治的赌本，军力的来源，所以对其是否能解决土地问题的本身，甚至加重其经济上之严重性，则非所计”[2]，关于共产党“杀人放火”、“共产共妻”（也作共产公妻）、“挖万人坑”等谣言甚嚣尘上。

以“共产共妻”为例，该词在大革命失败后迅速成为污名化共产党的利器，1927 年到 1936 年间屡见于报刊新闻。《申报》的一篇《共党蹂躏琼崖之惨状》曾写道：“全琼……建立苏维埃政府，实行共产公妻主义，且更大张告示：男子旅外限期六个月回家，否则焚毁家屋。迫乡民针刺‘赤军’二字于臂上，不从者杀。胁小童老妇驱之放哨、打仗，青年妇女轮流奸淫”，“稍有财产者逃命港澳南洋，贫穷者匿避山林，无家可归流离失所”[3]。经过土地革命、全面抗战，这一谣言仍在广大农村地区发酵，“减租减息”被歪曲为“共产”，“男女平等交往、妇女离婚再嫁”被歪曲为“共妻”。

由于近代中国仍是乡土社会，农民对权威的崇拜和依赖心理严重，不断加速的社会变迁又深深加重了他们的不安感，因此反动派散播的反共谣言在农村的传播和发酵更甚于城市。据记载，1949 年 9 月，中国人民解放军进驻四川大足县前半个月，乡民因惧怕“共产共妻”，竞争相嫁女，有的新娘十七八岁，有的才十三四岁[4]。这足以窥见解放以前广大农村地区谣言横行的场景。

---

[1] 《共匪为何残酷无情》，《中央日报》1948 年 1 月 7 日，第 3 版。

[2] 《从中共土地政策推算中共之命运》，《中央日报》1947 年 11 月 3 日，第 10 版。

[3] 《共党蹂躏琼崖之惨状》，《申报》1928 年 3 月 2 日，第 9 版。

[4] 舒全俊：《解放前夕的大足的男婚女嫁的混乱状况》，政协大足县委员会文史资料委员会：《大足文史》第 9 辑，1993 年，第 122 页。

解放战争胜利在望之际，华南地区的国民党特务曾大肆散布谣言，迷惑群众，称“共产党来了要共产共妻，拆散家庭”“国民党三个月内就要反攻”“第三次世界大战就要爆发”，使得部分群众心存顾虑。为了粉碎敌人的谣言，广州郊县地方党组织及地下工作者不断印制大量宣传品，分送到各阶层代表人物及广大群众手中，扩大党的影响[1]。在广州东北郊，中共禺北独立区委通过设立地下油印室，委托地下党员编印和散发小报、传单等宣传品，团结教育群众，壮大革命声势，分化瓦解敌人。新村的革命者们紧紧团结在禺北中心支部周围，承担了一些具体的宣传工作。

1. 创办新村地下油印室

粉碎敌人散布的各种谣言，传递党中央及上级组织的政策指示、解放军的命令等，将党中央的声音传达到禺北的各个角落，首先需要建立一个秘密的油印室，油印室必须设在安全隐蔽的地方，便于党的同志联络沟通。

考虑到新村在禺北中心支部的领导下建立了“白皮红心”的革命政权，由农会派骨干担任保长，党组织不仅将新村的实权牢牢掌握在自己手里，还争取到了村中实力派的支持，同时，新村村民觉悟较高，他们的祖辈曾在三元里抗英斗争和南方革命党人运动中或流血或牺牲，村民长期受革命思潮影响，又在国民党反动派的统治下饱受压迫和剥削，具有推翻“三座大山”的强烈意愿，中共禺北独立区委决定将地下油印室设在新村，委托在新村任教的地下党员司徒彤和黄定中负责具体的编印工作（图 3-21）。

由于新村距离国民党反动统治的中心广州市区很近，又位于广花公路旁，在遍地腥云、四处狼犬的情况下，两位同志不得不提高警惕，紧闭门窗，用黑布毛毯将门缝窗口遮盖得密密实实，不露一点儿光，编印时也尽量不说话，以

[1]　中共广州市委党史研究室编著：《中共广州地方史（新民主主义革命时期）》，广州：广东人民出版社，1995 年，第 300-302 页。

图 3-21　新村地下油印室（画作）

免被外人察觉[1]。油印室潮湿黑暗，冬日寒风刺骨，夏日闷热蚊虫多，工作环境十分恶劣，两位同志全凭革命信念相互支持，以苦为乐，毫无怨言。

编印工作往往在晚上进行。黄定中工于书法，善刻蜡纸，每晚，他拿起钢笔，在蜡纸上一字一字刻下印刷内容，常常彻夜不眠。黄定中刻好蜡纸后，再由司徒彤动手将油墨洒在蜡纸上，用钉在木板上的屐皮，轻轻地在蜡纸上扫出一张张小报传单[2]。当黄定中转移到大圳口村工作后，编印工作委托给了来新村参加革命的法商学院学生阮洪。

在地下油印室编印的革命小报、传单，由武工队员、农会会员、青年团员和革命群众不畏艰险地散发、张贴。这些刊载了《中国人民解放军布告》《三大纪律八项注意》《中国土地法大纲》《华南局声明》等内容的进步宣传物，对粉碎当地反动派制造的谣言、鼓舞教育群众、分化瓦解敌人起到了积极作用。

---

[1]　司徒彤：《往事四则》，中共番禺市党史研究室编：《解放战争时期禺东禺北地区革命斗争史实》，内部资料，1999 年，第 117 页。

[2]　司徒彤：《往事四则》，中共番禺市党史研究室编：《解放战争时期禺东禺北地区革命斗争史实》，内部资料，1999 年，第 117 页。

2. 秘密散发小报、传单

新村地下油印室将小报及传单印好后，由司徒彤捆好或装在菜篮子里或藏在衣服里，秘密携带回嘉禾武工队的驻地，再经禺北独立区委转送到各个革命据点。待区委确定好时间后，各据点的地下同志同时将宣传物张贴到石井、嘉禾、龙归、均和等圩市（图 3-22）。

由于携带和传播革命宣传物需要冒生命危险，一旦被捕随时可能牺牲，因此同志们常在晚上乔装打扮、秘密行动。1949 年 6 月的一晚，司徒彤和越敬派等嘉禾武工队员带上手枪，到均和圩张贴小报和传单。几人当晚 10 点多摸黑出发，赤脚走了一个多小时的崎岖小路，趁着夜色迅速把小报、传单贴上当地乡公所和街巷要道墙壁，各店铺、猪肉档和鱼摊档门口，以及“遭殃军”的吉普车上，返回新村时已是凌晨 1 点多钟。

新民主主义青年团员周锐和、周自强、黄炳才、周烈雄等人，也曾参与过散发革命宣传物的工作。这些“红小鬼”趁着夜深人静到龙归圩，挨街挨巷将革命传单张贴在街头巷尾的墙壁上、各店铺的大门上，贴到国民党乡公所门口，透过门缝将传单塞进大铺头里……直到深夜才回家，被家人追问时，就统一回

图 3-22　秘密张贴小报、传单（画作）

答是去田里捉蟋蟀。第二天乡民议论纷纷，都说共产党在龙归圩发传单，太和利商店的老板在店门口大喊："昨晚共产党的飞机来龙归圩放传单呀！"[1]一夜变身"飞行员"，成为小鬼们之间的一则笑谈。

这时期的小报、传单，内容大多为揭露国民党当局的反动性、腐朽性和凶残性，宣传解放战争的大好形势，号召群众反"三征"，宣布广州东北郊人民游击队的成立，宣传《三大纪律八项注意》《中国土地法大纲》，迎接广州解放等。小报、传单一经散发便引发轰动，街头巷尾、田埂鱼塘边，乡民议论纷纷，奔走相告，都说"解放军的《三大纪律八项注意》，不拿群众一针一线，不侮辱妇女，真是好得很"，国民党反动派诬蔑共产党"共产公妻"的谣言不攻自破，群众的觉悟和对形势的认识得到了提高。

3. 司徒彤过"险关"

为了进一步分化瓦解敌人，中共禺北独立区委决定委托司徒彤将印有《中国土地法大纲》和《约法八章》等内容的传单寄往禺北各乡的乡公所和自卫队。由于不能暴露革命据点，将这些传单投入广州各区马路的邮筒中再分散寄出，是较为保险和安全的做法。

1949年的一天，司徒彤穿上西装打好领带，胸前佩戴好一枚从广州弄来的报社证章，打扮成下乡采访的新闻记者，从嘉禾车站上了车。出发前，他早已将小报、传单装进信封并封好，写上各乡公所、自卫队的名字和地址，将信封卷在报纸中，拿在手上，登上大客车，留心观察车窗外的动静。

当汽车驶至广州流花桥总站时，车窗外一些国民党军警准备上车搜查乘客。司徒彤大吃一惊，原打算发生意外情况时将传单抛到窗外，但此刻已来不及。但若是将传单放到其他人的座位上，一旦被军警发现，座位上的乘客便会立即被逮捕甚至遭枪决。司徒彤心想，身为革命者，绝对不能做这样伤害市民的事情。

---

[1] 周杜南：《回忆禺北南村地下团支部的革命活动》，番禺区委老干部局、番禺区关心下一代工作委员会编：《番禺老干部革命回忆录》，内部资料，2006年，第207-211页。

于是只好咬紧牙关，壮着胆，沉着应付（图 3-23）。

手持冲锋枪的军警凶神恶煞地上车，沿着座位逐个搜查乘客。司徒彤坐在倒数第三排，当军警搜查到司徒彤时，他强装镇定，若无其事地站起身，举起拿着报纸的双手。军警盯住他，喝问："做什么，到哪去？"司徒彤只说："是下乡采访的新闻记者。"军警见他佩戴着报社证章，又拿着报纸，搜查全身又并未发现枪支和可疑物品，只当他确是记者，随即转向下一排乘客。

图 3-23　司徒彤沉着应对敌军警的搜查（画作）

渡过死亡关，顺利抵达广州。司徒彤按计划在今属越秀、荔湾区的多条马路上投递邮件，顺利地完成了任务。司徒彤后来回忆[1]：任务完成了，肚子也太饿了，便拐入小巷，进了小食店，要了一小碟油炸花生、二两双蒸白酒，饮起越过死亡关的胜利酒了。大抵是神经过于兴奋吧，但觉吃的油炸花生特别可口，喝的双蒸白酒特别香。饭后，随即乘车返回嘉禾武工队的驻地了。

[1]　司徒彤：《过关》，番禺区委老干部局、番禺区关心下一代工作委员会编：《番禺老干部革命回忆录》，内部资料，2006 年，第 223 页。

三、提高群众觉悟

除散发革命宣传物外，禺北地方党组织还通过夜校、识字班、晚会等形式，提高群众的觉悟和对形势的认识。

早在1947年，禺北地下党员周伯尧、陈康等人就常来新村讲授革命道理，在陈康的影响下，越协星成为新村最早参加革命的村民之一。接着，番禺县工委委员徐幽明和他的爱人黄剑深也到新村来开展革命活动。1948年8月后，司徒彤、黄定中、华根堃等同志相继来到新村任教。他们年轻、有文化、有理想，白天在学校上课，晚上办夜校，还深入到村民家中访贫问苦，带领村民重温过去反帝斗争的历史，发动一批越姓村民效仿先辈参加革命。他们还在新村仕功越公祠办起识字班，根据村民的生产生活情况适时调整上课时间，教村民们识字，讲革命故事，质疑封建统治的合理性，解读《中国土地法大纲》，教育村民们“只有革命起来才能改变现状，只有组织起来才有力量斗争”！识字班极大地提高了村民的知识水平，启发了村民的阶级觉悟，提高了村民的革命意愿。一些村民深受触动，再联想到自身的苦难、民族的前途，于是义无反顾地走上革命道路。

地下党员们还曾指导学生编排话剧和歌剧，面向全村开展文艺汇演。话剧《黎明前》揭露国民党当局征兵、征粮、征税的暴行，小歌剧《五更望夫》演绎农村妇女经历丈夫被当作壮丁拉走后的悲怨，《古怪歌》用通俗易懂的方言揭露帝国主义的侵略面目。在文盲半文盲占据绝大多数的旧中国，党员们使用百姓语言、民间俗语，借助戏剧、歌曲等受欢迎的形式，有效激起了村民的共鸣。

这些工作，有效传达了党中央与上级组织的政策和重要指示，不仅对揭露当局的反动、腐朽和凶残，传播解放战争的大好形势，号召村民支援部队、迎接南下大军等方面都发挥了积极作用，同时也威慑了反动派，使其放下武器、转向人民、立功赎罪，极大地壮大了革命声势。

第六节　开展武装斗争

1948年秋至1949年1月，人民解放军先后取得辽沈、淮海、平津三大战役的胜利，国民党的军事主力已被基本消灭，正规军仅剩115万人，总兵力只有204万人[1]，敌我力量已经完全逆转。伴随着军事上的节节失利，国民党当局在大陆的统治已日薄西山、摇摇欲坠。在穷途末路之际，国民党在其统治的华南大本营仍然实行"三征"苛政，继续横征暴敛、鱼肉百姓，珠江三角洲地区各县地方反动武装也加紧对人民武装的清剿，以巩固反动统治。

一、乌泥塘会议

随着解放战争胜利形势迅速发展，珠江三角洲地区地下党组织和武装部队也迎来大发展的新时期——各县农村党团组织、群众革命组织和武工队等如雨后春笋般涌现，各种形式的反"三征"群众斗争活动风起云涌，社会青年和进步学生积极响应号召参加人民武装。

1949年4月下旬，珠江地委在顺德容奇乌泥塘召开会议，会议阐明中国人民解放战争将取得决定性的伟大胜利，要将革命进行到底，迎接人民共和国的诞生；并指出敌人是不会自行消灭的，对敌斗争将更复杂尖锐；要扩大革命阵营，要重视同盟军的作用；发展经济工作，做好社会调查，配合大军解放华南。

乌泥塘会议制定了珠江地委《关于当前形势和今后工作方针的指示》，确

[1]　中共广东省委党史研究室：《中国共产党广东地方史（第一卷）》，广州：广东人民出版社，1999年，第685页。

定了今后的工作方针是“到处放点、到处生根，发动人民群众反‘三征’，发展人民武装，发展党，打好游击战争基础，准备起义，迎接三角洲解放”；强调“领导群众反‘三征’斗争，仍然是三角洲党组织当前工作的中心环节”；武装斗争的方针是“分散发展，钻敌空隙，歼敌小股，壮大自己，掩护群众斗争”；党的组织工作方针则是“放手发展，从发展中争取巩固”[1]。

乌泥塘会议所强调的在放手发动群众反“三征”的同时，深入开展武装斗争，发展壮大人民武装力量，迎接南下大军解放珠三角及全广东，为禺北党的武装工作指明了方向。

为贯彻乌泥塘会议精神，中共番禺县工委决定采取“发动群众反‘三征’与开展游击战争相结合”的方针。在早已建立武装部队并初步拥有主力战斗连队的禺南地区，以消灭分散的小股敌人，在战斗中壮大武装为主。在禺北、禺东地区，经过了艰苦深入的群众运动后，部分村庄已组建起地下农会、起义委员会、妇女会等革命群众组织，部分片区组建了武工队或农民自卫团，群众武装力量已具备一定规模。因此番禺县工委决定，立即成立广州东北郊人民游击队，由禺北独立区委领导，将较为精干的群众武装组织起来，以帽峰山为依托，开展山区游击战争。禺北、禺东平原区的地下党组织则发动群众反“三征”斗争以配合山区游击战争的开展。

二、建立广州东北郊人民游击队

禺北是富有革命传统的地区。1841 年，广州北郊的三元里爆发抗英斗争，103 乡近万名乡勇诱敌至牛栏岗围歼，揭开了近代中国人民自发反抗外国侵略者的序幕。全面抗战期间，伍观淇在禺北组织民众抗日自卫团，率部下 200 多人

[1] 广州市番禺区革命老区发展史编委会:《广州市番禺区革命老区发展史》，广州：广东人民出版社，2019 年，第 89-90 页。

和各乡民众抗日武装3000多人，在流溪河北岸沿线50里布防，英勇抗击日军十多天，唱响了又一曲响彻云霄的战歌[1]。禺北民众继承了祖辈的革命斗争基因，又饱受反动统治迫害和农村封建势力、地主豪绅恶霸、土匪伪兵洗劫之苦，生活无着，对推翻反动统治具有强烈的意愿。

早在抗战初期，广州抗战教育实践社就在广州东北郊组织抗日青年团、农民自卫团，1939年到1941年间，农工党又组织民众抗日游击纵队，活跃在帽峰山一带。东江纵队北撤后，一些中共地下党员被输送到禺北开拓革命据点，到1948年8、9月，新村、马市岭、南村、石井圩、古料等村庄都已有党员、团员及进步教师分布，村庄之间逐渐呈现出连成一片的趋势，地下农会、起义委员会、妇女会等革命群众组织纷纷组建，为禺北党的武装工作开展奠定了良好的基础。

广州解放前夕，禺北、禺东地区有两支分属不同系统的人民武装。一支是粤赣湘边纵队东江第三支队第六团，另一支是广州东北郊人民游击队。东三支成立于1949年1月1日，由原广东人民解放军江北支队改编而来，活动范围包括增城、博罗、新丰、龙门、河源南部地区。广州东北郊人民游击队则隶属中共禺北独立区委。

乌泥塘会议后，鉴于开展公开武装斗争的时机已经成熟，党在禺北又形成了与民主党派密切配合的工作局面，中共番禺县工委于是决定，在禺北、禺东及番（禺）、增（城）、从（化）三县交界的帽峰山一带正式组建游击队。

帽峰山是广州最高峰，坐落于广州北郊太和镇与良田镇交界，海拔534.9米，面积约4534.8公顷，距广州市区25公里，周边地形复杂、山坡陡峭、沟壑纵横，进可攻，退可守，是当时较为理想的游击区。

在禺东禺北“7·2”事件中被捕入狱的李汉光，出狱后公开了中共党员身份。1949年4月，李汉光从大圳口、扒沙井等村的禺北“农民解放大同盟”中动员了十多名青年农民，并从当地公尝中取得了一批长短枪，组成队伍，开进帽峰

[1] 司徒彤：《番禺抗日第一仗——江高阻击战》，《若草文集》，广州：中山大学出版社，2009年，第57页。

山区的大源洞、桃陂洞一带活动，很快发展成拥有三十多名队员、二十多支枪的队伍。随着革命形势发展，徐幽明、李汉光、陈明、周伯尧、罗雨、马秀明、李活洲、郑甸奕、龚彦平、岑干强、岑家宜、岑满溪、黄镇邦、袁江、温露、阮洪等同志相继调入山区[1]，游击队伍逐步扩大。

1949年5月，广州东北郊人民游击队正式成立。这支部队由中共禺北独立区委直接领导，区武装委员李汉光担任队长，县工委委员兼区委书记徐幽明担任政委，区委委员周伯尧和农工党负责人梅日新分别担任副队长，区委委员陈明任政训室主任（图3-24）。

7月，中共党员陈汉华在禺东沙埔村集结党员及农民积极分子十一人，由岑干强率领，带着机枪一挺、步枪七支、短枪两支，与李汉光所属部合并，改编为广州东北郊人民游击队第一区队，岑干强任区队长。

8月，中共党员陈学初、龚彦平，在禺北良田集结数十人，带着轻机枪两挺

图3-24　广州东北郊人民游击队（画作）

[1] 陈康：《关于广州东北郊（原禺东禺北）党组织情况的一些回忆》，中共番禺市委党史研究室编：《解放战争时期禺东禺北革命斗争史实》，内部资料，1999年，第12页。

进入帽峰山区，建立第二区队，陈学初任区队长。

曾在禺东禺北“7·2”事件中被通缉的民盟、农工党番（禺）、增（城）、从（化）、花（县）、龙（门）五县负责人梅日新，于1949年3月从香港返回禺北后就迅速与禺北独立区委的徐幽明、周伯尧等同志取得联系，申请加入人民武装。他利用农工党自抗战初期就在白云山南北两侧及帽峰山一带长期工作的良好基础，集结了二三十人的队伍，组成第三区队。至此，广州东北郊人民游击队组织架构已基本形成：

队　　长：李汉光（又名李奋之，共产党员）
政　　委：徐幽明（中共番禺县工委委员）
副 队 长：周伯尧（共产党员）
　　　　　梅日新（农工党员）
政训室主任：陈明（共产党员）
第一区队长：岑干强（共产党员）
第二区队长：陈学初（共产党员）
第三区队长（兼任）：梅日新

三、夯实新村的武装力量

1948年8月下旬，为跟上解放战争的胜利步伐，迅速发展武装斗争，禺北地方党组织指示驻村党员，深入发动农民，建立革命群众组织，迅速组建武工队开展武装斗争，配合南下大军解放广州[1]，禺北地区的武工队由此得以迅速发展。

次年1月26日，中共中央香港分局发出“迅速扩大主力部队，迅速组织民兵，

[1] 司徒彤：《凄风苦雨忆故人》，《若草文集》，广州：中山大学出版社，2009年，第199页。

依照各个战略单位展开有战略意义的地区并连成一片，而又以武工队向各地普遍发展”的指示。番禺县工委迅速采取一系列措施，发动和组织群众发展武装力量，扩大队伍[1]。从1949年5月起，禺北的新村、大圳口、石井，禺东的沙河、东圃等革命据点，都在中共禺北独立区委的指导下先后建立起脱产或半脱产的武工队，支援和配合山区的武装斗争。

嘉禾武工队：队员七人，有短枪六支，手榴弹两个，以上、下新村及集贤庄各村为基地，活动于广花公路沿线（图3–25）。

扒沙井武工队：队员十三人，有长短枪十余支，活跃于太和乡南部及白云山北麓一带。

石井武工队：五人，长短枪五支，在番禺与南海两县交界处的石井、佛岭、恩洲乡一带活动。

东圃武工队：队员五人，有长短枪五支，活跃于东圃、棠下、黄村一带。

图3–25 嘉禾武工队（画作）

[1] 广州市番禺区革命老区发展史编委会编：《广州市番禺区革命老区发展史》，广州：广东人民出版社，2019年，第88页。

良田武工队：队员七人，均有枪支，活跃于太和乡、钟落潭一带。

冼村武工队：队员六人，均有枪支，活跃于石牌、冼村一带。

沙河武工队：队员共二十余人，多数人有枪支，活跃于长湴、同和、沙河一带。[1]

这些武工队一般由中共党员任正、副队长，队员多为新发展的农民党员（表3-1）。他们在白天隐蔽或从事生产劳动，在夜间开展活动，主动调查当地反动势力及其活动状况，开展筹粮筹款、搜集情报、组织地下农会或解放委员会等活动。

表 3-1 解放战争时期禺东禺北武工队队员名单[2]

武工队	组长 / 负责人	党员名单
嘉禾武工队	司徒彤	司徒彤、越敬派、黄柏容、黎志成
扒沙井武工队	罗杰	罗杰、周棠、周庚容、陈晋容、陈燕芳、周福胜、郎瑞琼、周金煌、周海瑞、阮洪（后调往山区）
石井武工队	刘润	刘润、刘户安、刘忠甫
禺东武工队	赵仲垣	赵仲垣、袁江、蔡铭源、李光磊、梁明、梁容毕、招新等
冼村武工队	梁池	梁池、简应、冼全、冼八等
良田武工队	龚彦平	龚彦平、陈学初（后均调入部队）
沙河武工队	陈鹏	陈鹏、黄子衡

1949 年 5 月，禺北中心支部依托新村革命根据地组建了嘉禾武工队，嘉禾武工队随即成为新村武装斗争的核心力量。嘉禾武工队的主要情况：

[1] 陈康:《关于广州东北郊（原禺东禺北）党组织情况的一些回忆》，中共番禺市委党史研究室编：《解放战争时期禺东禺北革命斗争史实》，内部资料，1999 年，第 16-17 页。

[2] 陈康:《关于广州东北郊（原禺东禺北）党组织情况的一些回忆》，中共番禺市委党史研究室编：《解放战争时期禺东禺北革命斗争史实》，内部资料，1999 年，第 12 页。

队长：司徒彤

队员：司徒彤、越敬派、黄柏容、黎锦、黎志成、罗雨、黄炳才

装备：短枪六支和手榴弹两个

主要活动区域：广花公路沿线[1]

武工队的队员们白天在新村、磨刀坑等地秘密隐蔽，晚上到邻近村庄发动农民秘密建立农会、妇女会等革命组织，集贤庄的农会和起义委员会就是在嘉禾武工队的帮助下建立起来的。嘉禾武工队还动员农会会员黎润荣捐出稻谷 400 斤、七九式步枪 1 支，并动员其子黎斌上帽峰山参加广州东北郊人民游击队。

1949 年 9 月，嘉禾武工队与广州东北郊人民游击队第三区队并肩战斗，在大源洞生俘国民党征粮队 6 人，缴获长枪 4 支、子弹 300 多发。

广州解放后，嘉禾武工队的队员们在番禺县禺北区联乡办事处的安排下，参与接管敌产、接收旧乡政府、协助建立基层政权等工作，还随征粮建政队查黑田、缴黑枪、清剿土匪、征公粮[2]，随武装部队维护地方治安、支援前线。待番禺县人民政府成立后，原嘉禾武工队队员们被分配到不同战线、不同岗位上，继续为人民、为新中国奋斗。

四、禺北的武装斗争

广州东北郊人民游击队建立后，各区队就被派驻到不同地点，分别开展政治教育、纪律教育及军事训练。经过训练，队员和群众理解了人民军队的性质，

[1] 陈康、司徒彤、越敬派：《解放战争时期禺北游击根据地——新村》，中共番禺市委党史研究室编：《解放战争时期禺东禺北革命斗争史实》，内部资料，1999 年，第 97 页。

[2] 中共广州市白云区委组织部、中共广州市白云区委党校、中共广州市白云区委党史研究室编：《中国共产党广州市白云区（郊区）历史（第二卷）》，北京：中共党史出版社，2011 年，第 9-10 页。

认识到了武装斗争之于中国革命的重要意义。游击队巩固和扩大队伍并开展“三筹”（筹款、筹粮、筹枪支弹药）等活动，向山区村庄借用公尝稻谷及枪支弹药；开展募捐、商借、征税，向广州社会开明人士借款，或利用队员的亲戚关系争取物资和药品援助，曾有一位华侨家属一次性就向游击队借出 3000 港元[1]。这一时期，游击队补给完善，发展迅速，人数最多时达到 350 人。

自 1949 年 8 月开始，游击队先后在黄陂、广从公路以及大源洞进行过三次战斗，这些军事活动有效打击了敌征粮队和敌警察部队的气焰，使游击队声势大涨。自此以后，敌征粮队再也不敢在帽峰山区出现（图 3-26）。

第一次战斗中，游击队在帽峰山东侧的黄陂捕获敌下乡征粮队 5 人，缴枪 5 支，被俘征粮队员经游击队教育后全部释放。

第二次战斗中，游击队在广从公路上俘获过境从化县的敌警察部队 13 人，缴获一批枪械弹药。除部分志愿加入游击队的原敌警察外，其余人员经教育后

图 3-26　战斗中的广州东北郊人民游击队（画作）

[1]　陈康：《关于广州东北郊（原禺东禺北）党组织情况的一些回忆》，中共番禺市委党史研究室编：《解放战争时期禺东禺北革命斗争史实》，内部资料，1999 年，第 21-22 页。

由游击队发放路费遣散出山[1]。

第三次战斗中，游击队第三区队与嘉禾武工队并肩作战，在大源洞生俘敌征粮队 6 人，缴获步枪弹药一批，俘虏经教育后全部遣送出山释放。

1949 年农历八月十九，广州东北郊人民游击队在帽峰山驻地召开干部会议，全体干部和战士 200 多人，听取政委徐幽明同志传达的党中央和毛主席关于解放广州及中共番禺县工委对当前的形势与任务的指示。游击队队长李汉光、副队长周伯尧、梅日新向各区队长、武工队长传达作战部署。会议决定全体同志贯彻上级的指示，搞好支前、筹粮、扩军工作，组织群众投入战斗，配合大军解放广州。政工队副队长李活洲“霍”地站起来，举起指挥棒，向全体同志放声领唱：“解放区的天是明朗的天，解放区的人民好喜欢，民主政府爱人民呀……”嘹亮的歌声在帽峰山回荡，同志们心情激动，热泪盈眶，现场掌声雷动。

为节省时间，会议结束后，来自禺北平原区的 10 多位同志不顾白天易暴露行踪的危险，分成几支小队伍，从各条小路下山回去。嘉禾武工队的司徒彤、周棠、罗雨、罗杰等同志准备经大源洞返回禺北平原区，第三区队的 20 多位战士计划返回大源洞驻地，于是结成一支队伍一起下山。

顶住酷暑，翻过几座山，到达凤凰岭山顶时，队员们发现，在山脚的小路上，一个年逾不惑、身着唐装的乡公所官员正带着 6 名荷枪实弹的敌兵向村庄走来。一位操着山区客家口音的游击队员说：“这些敌兵是来征粮的，一年还来两趟呢！”接着又说，“这些国民党兵敲诈勒索，强令农民交钱交粮，要这要那，比老虎还要凶恶。”队员们疾恶如仇，纷纷向第三区队长梅日新请战。梅日新思索片刻，决定：“打吧！要捉活的，一个也不能让他跑掉。”

由于敌人分成两股，一股到火烧天村，一股到何屋村，游击队员也分成两组执行歼敌任务。到火烧天村的征粮兵闯入村民家中，用枪托捶打村民，勒令交钱交粮，痛哭求救之声不绝于耳。为了防止贸然开火伤及村民，司徒彤和罗

[1] 徐幽明、李汉光、陈康：《同舟共进　志创新天——记广州东北郊人民游击队》，中共番禺市委党史研究室编：《解放战争时期禺东禺北革命斗争史实》，内部资料，1999 年，第 41 页。

雨、何大海等 4 人只得紧盯敌人，待敌人离开后，边跟踪尾随边寻找有利地形。跟踪半里路后，行至涌边独木桥前，前面是一条小河涌，对岸是杂乱的竹树丛，正是全歼敌人的有利地形。4 人扑上前去，用枪嘴贴着敌人的脊梁，喝令敌兵举手缴枪。此时，梅日新派出的长枪队正在对岸竹树丛埋伏监视，见状立即跨了出来，又是一片“举手！缴枪不杀！”的吆喝声（图 3–27）。

图 3–27　大源洞战斗（画作）

梅日新闻声，命令山上警戒的战士向天空放了两声冷枪，警告敌人不得反抗。敌人的枪被缴，听闻枪声更是惊慌失措，哀求道：“大佬，要钱好啦！不要攞命呀！”罗雨义正词严地说：“我们不是土匪，我们是解放军的先头部队，是来解放广州的！”敌兵吓得魂飞魄散，“扑通”一声跪在地上，又是磕头，又是喊饶命。就在这时，梁栋、周棠、罗杰也从何屋村活捉两个敌兵前来会师。此次战斗，广州东北郊人民游击队胜利出击，俘虏敌兵 6 人，缴获长枪 6 支，子弹 300 多发[1]。

[1]　司徒彤：《凄风苦雨忆故人》，《若草文集》，广州：中山大学出版社，2009 年，第 70–72 页。

五、完成光荣的历史使命

1949年8月28日，广州东北郊人民游击队按照中共番禺县工委的指示，将各级干部集中在帽峰山脚下的矮障村进行政治军事训练。在训练班上，游击队政委徐幽明同志作了形势和任务的报告，传达中共中央和毛主席关于解放广州的指示，明确游击队当前的主要任务：一是侦察太和至沙河沿线的公路桥梁，动员群众护桥护路；二是组织各乡筹备粮草，支援前线；三是以自然村为单位，发动群众组织人民自卫队，协助部队保护家乡[1]。

游击队于是在广从公路的一些路段开展护路行动，防止反动派破坏和土匪捣乱[2]，同时组织各村庄的革命武装，部署支前工作，准备迎接南下大军。当时，江坤、何甘棠、陈鹏等同志组建了一个以同和、沙河地区为中心，包括南岗、鱼珠、东圃的禺东解放委员会，前后共筹集了五千多斤粮食支援游击区，十万多斤粮食和大批饲料、柴草支援南下的解放军。

得益于游击队员们的护路行动和物资支援，10月14日，中国人民解放军第四野战军第十五兵团先头部队一路畅行无阻，顺利进入广州城。游击队员还充当解放军进城的向导，并在沙河、太和一带接管国民党乡级政权。

10月25日，广州东北郊人民游击队奉命前往禺南，配合粤赣湘边纵队主力军解放番禺市桥。游击队改编为中国人民解放军粤赣湘边纵队番禺独立团第二营，就此完成了其光荣的历史使命。

---

[1] 中共广州市白云区委组织部、中共广州市白云区委党校、中共广州市白云区委党史研究室编：《中国共产党广州市白云区（郊区）历史（第二卷）》，北京：中共党史出版社，2011年，第8页。

[2] 徐幽明、李汉光、陈康：《同舟共进　志创新天——记广州东北郊人民游击队》，中共番禺市委党史研究室编：《解放战争时期禺东禺北革命斗争史实》，内部资料，1999年，第41页。

第七节　迎接广州解放

渡江战役后，人民解放军相继解放苏南、皖南、浙江的全部地区，湖北、江西、福建的部分地区。1949 年 7 月至 8 月，人民解放军发起宜沙战役，打开南进湘西的大门，又在湘赣战役、赣西南战役和福州战役后相继解放长沙（和平解放）、赣州、福州等地，形成了半包围解放广东的有利态势。

自 1949 年初，广东省内先后成立了中国人民解放军粤赣湘边纵队、闽粤赣边纵队、粤桂边纵队、粤中纵队，建立了大片的革命根据地。经过春季攻势和夏季攻势，全省三分之一的地区建立起人民政权，大部分农村得到解放[1]，距人民解放战争取得全国性的胜利已为期不远。

一、新华南分局与赣州会议

为加速华南地区的解放进程，领导华南地区的接管和建政工作，中共中央委派时任北平市军事管制委员会主任兼北平市市长叶剑英，到华南组建新的华南分局。1949 年 8 月 1 日，新华南分局成立，隶属华中局，负责领导广东各地委、广西省委和香港工委的工作。叶剑英任新华南分局第一书记，时任华东军区副司令员兼山东省军区司令员张云逸调任第二书记，原华南分局书记方方改任第三书记。与此同时，中共中央组织部从北平、山东、华北挑选大批干部组成南下工作团，作为接收城市的主要干部力量派往华南各地。

[1]　广东省人民政府地方志办公室编：《广东印记》第 3 册，广州：广东人民出版社，2018 年，第 192 页。

根据中共中央的指示，叶剑英于9月3日抵达江西赣州，并在9月7日至24日间分别主持召开作战会议、三次华南分局扩大会议和高级干部会议。在这些会议上，以叶剑英为首的华南分局领导班子和人民解放军第四野战军第十五兵团、人民解放军第二野战军第四兵团，两广纵队的负责人（包括方方、陈赓、邓华、赖传珠、洪学智、肖向荣、曾生、雷经天、郭天民、刘志坚等[1]），共同讨论和决定了领导机构的组成和干部的配备、解放广东的作战部署和支前工作、接管城乡的重要政策等三个重要问题[2]。这一系列会议被称作“赣州会议”。

赣州会议在广东党史上具有重要意义，它为解放广东和华南统一了认识，部署了具体的军事行动，加速了解放战争的胜利进程。陈赓在总结广东、广西作战经验时称：“没有赣州会议，就没有两广作战的胜利。”[3]根据赣州会议的部署，1949年9月28日，叶剑英、陈赓签署了广州外围作战《战联字第一号命令》，南下大军在华南人民武装和人民群众的配合下，自粤赣湘边分三路向广东进军。

二、兵分三路解放广州

1949年8月，国民党余汉谋部和白崇禧部仍有40万兵力盘踞在粤桂两省，国民党华南军政长官余汉谋直接指挥广东境内15万兵力[4]，布置三道防线，阻止解放军入粤。余汉谋将三十九军、六十三军布置在曲江一带，与白崇禧集团军形成“湘粤防线”，作为防守广州的第一道防线；将二十三军、七十军派往翁源，

---

[1] 中共广州市委党史研究室:《中共广州党史纪事》，广州：广州出版社，2008年，第141页。

[2] 鲁阳：《赣州会议和广东的解放》，《广东党史》2009年第5期，第12页。

[3] 穆欣：《陈赓大将》，北京：新华出版社，1985年，第647页。

[4] 中共广州市委党史研究室编著：《中共广州地方史（新民主主义革命时期）》，广州：广东人民出版社，1995年，第311页。

组成第二道防线；将三十二军、五十军布置在广州附近组成第三道防线[1]。

为了彻底消灭国民党的残余势力，中央军委制定“大迂回、大包围、大歼灭”作战方针，由人民解放军第四野战军连同第二野战军第四兵团组成三路大军，围歼白崇禧、余汉谋军事集团。其中，第四兵团、第十五兵团和两广纵队在华南游击纵队的配合下，经赣州、南雄、始兴，向广州方向进攻。

10月1日，新中国成立之际，中共中央华南分局发表《告广东人民书》，号召全省人民和人民武装部队紧急动员起来，调动一切力量，支援解放战争，协助人民解放军解放广东，解放全中国。

10月2日，广东战役正式打响。第二野战军第四兵团组成右路军，共12万人，在陈赓的指挥下进入南雄、攻占始兴、袭击乐昌、占领仁化，10月7日成功解放曲江，冲垮第一道防线，部分兵力直插三水，阻断逃敌。第十五兵团组成左路军，共8万人，于6日与粤赣湘边纵队北江支队在翁源会师。左路军在邓华的指挥下，先后攻占佛冈、从化、花县、增城，先头部队于14日抵达白云山。两广纵队和粤赣湘边纵队组成南路军，在曾生、尹林平的指挥下直下广九线，控制虎门，占领中山和顺德[2]，切断敌军沿广九铁路、珠江南逃的路线。至此，左、中、右三路大军已分别从西面、东北面、南面包围广州，余汉谋集团布置的三道防线全面崩溃。

在解放军强大的攻势下，国民党当局决定放弃广州。10月11日，代总统李宗仁、行政院院长兼国防部部长阎锡山、参谋总长顾祝同及薛岳、余汉谋、李及兰紧急召开会议，决定将总统府、行政院迁往重庆。国民党军政头目如树倒猢狲散，纷纷逃窜，李宗仁逃往桂林，阎锡山、顾祝同逃往台湾，余汉谋、薛岳等军事头目从黄埔乘船逃往海南岛。

反动当局制定了“总撤退、总罢工、总破坏”的阴谋计划，企图在撤退前

[1] 中共广州市委党史研究室编著：《中共广州地方史（新民主主义革命时期）》，广州：广东人民出版社，1995年，第312页。

[2] 中共广州市委党史研究室编著：《中共广州地方史（新民主主义革命时期）》，广州：广东人民出版社，1995年，第312–313页。

将广州的重点工厂、桥梁、军事设施和重大民用设施彻底损毁，特务组织纠集流氓地痞组成“反共大同盟”潜伏在广州附近。仅在14日当天，反动派就制造多起破坏事件。广州白云机场、天河机场，石井、黄埔、员村等地的军用物资仓库发生爆炸。海珠桥被炸毁，殃及附近居民、船民、行人，炸死炸伤近千人，炸沉民船100多艘，炸毁楼房几百间，3000多人无家可归，流离失所[1]。在解放大军到达前的几个小时，反动当局将100多名在囚革命者押往流花桥进行集体屠杀，年仅15岁的粤赣湘边纵队第三支队先遣总队战士邝镜波[2]壮烈牺牲。

10月14日，中国人民解放军第四野战军第十五兵团沿广从公路和广花公路直插广州。下午6时许，南下大军经沙河和中华北路（现解放北路）进入市区，迅速占领了国民党的总统府、行政院、绥靖公署、广东省政府、广州市政府以及警察局等军政首脑机关。在黄沙火车站及码头等处追歼残敌，歼灭敌军2000多人，缴获大量物资[3]。中国南疆的门户、拥有光荣革命历史的名城广州，迎来了解放（图3-28、图3-29）。

图3-28　解放军骑兵进入广州市区

图3-29　广州市民在长堤附近庆祝广州解放

[1]　鲁阳：《赣州会议和广东的解放》，《广东党史》2009年第5期，第14页。

[2]　中共广州市委党史研究室编著：《中共广州地方史（新民主主义革命时期）》，广州：广东人民出版社，1995年，第316页。

[3]　中共广州市委党史研究室编著：《中共广州地方史（新民主主义革命时期）》，广州：广东人民出版社，1995年，第16页。

三、支前与迎军

南下解放大军入粤后，广东各地掀起迎军支前热潮，人民群众纷纷组建民工队、慰劳队、救护队，在行军沿途设置茶水站、住宿站；广东各地中共组织和人民武装遵照华南分局在赣州会议上的部署，主动出击、袭扰和牵制敌人，全力配合大军入粤作战[1]。活跃于广州东北郊的两支分属不同系统的人民武装，也各自为南下大军解放广州做了大量准备工作。

10月上旬，东三支第六团进驻禺北江村，成立禺北办事处，组成一个200多人的直属大队，下辖2个中队，装备有轻重机枪9挺、榴弹筒枪6支、长短枪180支。遵照东三支司令部的命令，禺北办事处负责刺探国民党驻军和途经的国民党部队的调遣情况，以及广州市内国民党主要军事机构和仓库的虚实情况，执行截击南逃的国民党溃兵等任务[2]。广州东北郊人民游击队则在广从公路沿线开展护路行动，防止反动派伺机破坏。沙河、太和沿线成立了禺东人民解放委员会，下设40多个分会，为顺利接管国民党乡级政权提供坚实的保障。

10月10日，禺北办事处收编了太和、龙归、鸦湖、蚌湖、江村、高塘、人和、石井、鸦岗等地国民党地方团队的8个大队、16个中队，改编为后备民兵队，并先行接收了嘉禾、龙归、江村、高塘等地国民党乡级政权[3]。

10月13日晚，溃败的国民党军队如决堤的潮水，广州东北郊人民游击队组织队员到离广从公路一公里的岐山、汤屋和半径巡逻，一则保护群众，二则伺机打击敌人[4]。

[1] 中共广东省委党史研究室：《中国共产党广东地方史（第一卷）》，广州：广东人民出版社，1999年，第729页。

[2] 广州市白云区地方志编撰委员会编：《广州市白云区志》，广州：广东人民出版社，2001年，第530页。

[3] 广州市白云区地方志编撰委员会编：《广州市白云区志》，广州：广东人民出版社，2001年，第531页。

[4] 甘秀芳：《多党合作浴血奋战 携手同心共创新天——记在中国共产党的领导下，广东番禺农工党与中共、民盟组织携手开展革命斗争的一段史实》，《前进论坛》2022年第8期，第58页。

10月14日，解放军先头部队抵达禺北，禺北办事处和广州东北郊人民游击队分别派队员任向导带领南下大军进入广州市区，并部署各村革命群众在大军过境沿途设置茶水站。

10月中旬，禺北办事处成立禺北支前指挥所，发动禺北群众供应木材，组织群众在3天之内抢修好被烧毁的人和大桥，保证轻重武器、军需供应源源南下[1]。广州东北郊人民游击队领导的禺东人民解放委员会向群众征得10多万斤大米、1万斤木柴、大批马料，为途经广从、广花两线南下的解放大军提供充足的补给[2]。

四、迎接解放军先头部队

当南下大军日夜兼程奔向广州时，禺北人民正以饱满的热情护厂护路、支援前线。司徒彤曾在《难忘的一天》[3]中回忆了新村等地村民迎接解放军的情景，虽已时隔多年，文中的喜悦之情仍跃然纸上：

> 由于前线战事失利，敌人已溃不成军，陆续从广花公路败退。广州东北郊人民游击队趁此时机发出重要任务："组织力量，开展武装斗争，歼灭残敌，配合大军解放广州"，嘉禾武工队随即返回禺北平原地区，立即行动起来。银白色的月光像一盏油灯照亮嘉禾武工队的司徒彤和周棠夜行的路，两人手里捏着短枪，走在狭窄泥泞的田基上，还要警惕敌兵的袭击。武工队员们忍住饥饿，或是在夜幕笼罩的雾水里，或是在暴

[1] 广州市白云区地方志编撰委员会编：《广州市白云区志》，广州：广东人民出版社，2001年，第531页。

[2] 政协广州市白云区委员会学习文史资料委员会编：《白云文史》（第13辑），1999年，第88页。

[3] 司徒彤：《难忘的一天》，中共番禺市委党史研究室编：《解放战争时期禺东禺北革命斗争史实》，内部资料，1999年，第200–206页。

烈的阳光下，跑完东村跑西村，将各村地下农会和起义委员会等群众武装组织起来，从地下转移到地面作战斗准备。

经过持续好几天的秘密发动，10月14日，新村地下农会、妇女会、起义委员会等组织的成员齐聚马市岭村[1]，与各村的革命组织一起迎接解放军的到来。队伍中有长者也有年轻人，有男同志也有女同志。

根据司徒彤的回忆，“那时的农会、妇女会是秘密组织起来的，给国民党捉了要受尽各种残酷的刑罚，最后挖眼睛砍头。为了保存革命力量，各个组织没有必要是不发生联系的，有些亲戚都参加了地下农会，可平时谁也不告诉谁。今天见到了，哈，原来还是同志哩。有些是订了婚的未婚夫妻，男的参加了农会，女的参加了妇女会，见上了谁也不告诉谁。今天在战斗队伍里，意想不到竟是志同道合的亲密战友，心里甜滋滋的”[2]。相熟的亲戚、未婚的夫妻，见面才知是战友，众人心中洋溢着难以言喻的感动。

正当大伙整理队伍时，负责警戒的同志气喘喘地跑来，向陈康报告：“前面发现5名敌兵，正向马市岭方向跑来。”队伍顿时紧张起来，同志们整理好队伍，摩拳擦掌，推起枪膛，如临大敌。陈康果断作出决定：“第一小队在右边埋伏，第二小队从正面拦击，没有命令，不准开枪。”队伍摆成袋形阵势，准备埋伏、活捉敌兵。

来人穿着破旧的黄色军衣，皮肤晒得黝黑，精神却十分饱满。埋伏在两边的同志跃跃欲试，然而没有命令，谁也没有率先开枪。这时，两名农会同志向迎面走来的5人吆喝：“国民党战败了，你们赶快投降！缴枪不杀，共产党优待俘虏！”两边的同志也顺势吆喝：“穷兄弟，你们吃的穿的是什么？为什么

[1]　据《难忘的广州解放——访广州市政协副主席梅日新》（载1989年9月17日《广州日报》）：1949年10月14日，南下大军先头部队抵达太和附近，广州东北郊人民游击队立即派出向导带领大军进入广州城，取得大军同意后，进入沙河镇接管国民党沙河警察分局，随后派部队接管禺北嘉禾、人和等地。

[2]　司徒彤：《难忘的一天》，中共番禺市委党史研究室编：《解放战争时期禺东禺北革命斗争史实》，内部资料，1999年，第202页。

要替有钱人打自己的穷兄弟？”

只见来人不投降也不举枪，站在最前面的一人，伸开手臂，喊道：“兄弟们，你们派一个人来谈。”司徒彤心里嘟囔着：“怪啦，国民党匪兵怎会这么镇定，怎会这么亲切。不，要是错打了自己人就糟啦。”[1]陈康于是派出一名同志前去谈话。这时，站在最前的“敌人”拉开黄色军衣，胸前的布章上赫然写着“中国人民解放军”几个大字。

“我们是解放军的先头部队，你们是兄弟部队吗？”“你们是解放军吗？”几乎是同时说出口，前去交涉的同志忙从袋里拿出广州东北郊人民游击队发的派令。“自己人，自己人，好啦！会师啦！”解放军战士边说边紧紧地握住交涉同志的手。“同志们！是解放军，是自己人，快来快来。”这声“解放军”比春雷还响，村庄霎时沸腾起来，同志们蜂拥上前去与解放军握手拥抱。前边握手的同志不愿放手，仍捏得紧紧的，后边的同志等急了，涌上前去握着解放军同志的手肘、手臂，把手放在解放军同志的肩膀上。

众人把解放军迎到马市岭小学，这里是禺北平原区的临时战斗指挥部。一百来人将学校挤得满满当当，同志们忙着递茶水，解放军战士这才喝上一口。“辛苦啦！你们一天跑多少里路？”“不辛苦，一天跑一百八十里。”“你们很艰苦啦，人民永远忘不了你们的。”“不，你们还艰苦，没有游击队的配合，怎么会这么顺利！”同志们亲切地交谈着，声音回荡在学校里。

听说解放军到了，家家户户拖男带女、扶老携幼，聚集到马市岭小学。一位六十多岁的阿婆挽着一篮鸡蛋送到解放军面前，说：“同志，你们辛苦啦，我们望得好久了，这回真的到了。”又有一位拄着拐杖的阿婆，抱着一菜篮冒着热气的番薯，将番薯递到解放军战士手中，说道：“这年头口了过得穷，家里没什么好吃的，吃点番薯充充饥好跑路。”兴许是想到了自己的祖母，一个年约二十五岁的解放军战士拉着阿婆的手，带着北方口音激动地说：“老大娘，

[1] 司徒彤：《难忘的一天》，中共番禺市委党史研究室编：《解放战争时期禺东禺北革命斗争史实》，内部资料，1999年，第203页。

解放了，翻身了，以后的日子就会好了。”“对呀！你们来了，以后的日子就会好了！”阿婆眼里噙着泪水感动地说。

“解放了，翻身了，以后的日子就会好了”这句话传遍整个村庄，传遍了草原[1]，人们欢欣鼓舞，热血沸腾。

---

[1] 抗战期间，日军强占禺北民田辟建军用机场。抗战胜利后，反动当局又不允许村民复耕，于是机场荒废，形成了一片杂草丛生的草原。

附录

附录一　新村越姓战士志

新村是解放战争时期的禺北革命根据地，早在1948年就建立了禺北地区为数不多的红色政权之一，相继组建农会、起义委员会、武工队、妇女会和青年团等组织，并形成了一套完整的革命根据地规范。据不完全统计，新中国成立前在番禺开展革命斗争的共产党员先后有338人，而《番禺县人物志》收录到的新村越姓党员就有越敬派、越协星、越润保、越润松[1]。1948到1949年间，新村在禺北中心支部的领导下，不断开展斗争工作，配合广州东北郊人民游击队打击敌政权。

广州解放前夕，新村的战士们大多被编入广州东北郊人民游击队，协助南下大军解放广州。随军扫荡残敌时，又被编入中国人民解放军粤赣湘边纵队番禺独立团第二营。一部分战士在禺北区联乡办事处的安排下，参与接收旧乡政府、建立新的基层政权等工作。

广州解放时，市郊治安混乱、土匪横行、特务猖獗、烟赌林立。国民党军队在撤退时故意布置土匪、特务、恶霸、地痞潜伏下来，港澳黑社会势力也蠢蠢欲动，伺机趁火打劫。解放军接手的就是这么一个千疮百孔、混乱不堪的烂摊子。从10月21日开始，中国人民解放军广州市军事管制委员会派出军代表，分头接管市郊7个国民党区公所和警察分局等机关[2]。从新村走出去的原根据地游击战士，大多进入地方军区部队，平息匪患，扫荡烟赌，收缴各类枪支弹药，清除残余的反动武装势力，保卫新生的人民政权。

等到人民政权稳固后，战士们又大多进入番禺县的公安和武装部门，一些

[1]　番禺县县志编撰委员会编：《番禺县人物志》，内部资料，1991年，第200–202页。

[2]　广州市白云区地方志编撰委员会编：《广州市白云区志》，广州：广东人民出版社，2001年，第530页。

武装人员由于年龄偏大，复员回到地方务农或充实地方政府，参加地方政府修复水利、发展生产等活动，逐渐成为郊区基层干部中的核心力量，为新中国的社会主义革命和建设作出了贡献。而当年的“红小鬼”们（主要为青年团员）和通讯员们是新中国建设的梯队力量，他们中的一些先进分子加入中国人民志愿军并参加抗美援朝战争，在作战部队和后勤部队服役。战后，这些年轻的军人大多退伍或复员，分配在广州周边地区从事政务工作，个别选择回乡务农。

新村革命根据地的战士们大多有血缘关系，其革命之路往往带有家族式的联结性，故而彼此之间团结可靠、同心同德、目标一致。据新村革命后人越步生的走访记录，越敬派、越敬开、越敬辉、越广台、越良柱、越良句、越广松来自同一房支，越润松、越润保、越润煜是同一房支的堂兄弟，越例全、越良福、越润章以及后来加入的越礼荣是来自同房支的堂兄弟，越丽垣、越丽泉、越丽江、越丽水、越丽燊是同胞亲兄弟。以上人员皆以家族为单位参加地下革命工作，参加时间略有先后之别。

1948 年时，新村革命根据地的核心力量包括：

党小组及武工队领导	越敬派
民兵队长	越协星
农会及起义委员会主席	越敬派（首任），越烈昌、越敬开（继任）
队员	越敬派、越协星、越烈昌、越敬开、越广台、越汝铿、越润松、越润保、越容继、越荣健、越良柱、越敬辉、越润煜、越例全、越丽泉、越丽富、越润兴、越耀均、越良句

1949 年后，越家泉、越丽水、越良福、越润章、越容斯、越世友、越丽江、越社桃、越锡明、越丽垣、越丽燊、越礼荣等第二批越姓战士陆续加入革命队伍。这两批战士都曾被编入广州东北郊人民游击队。广州解放后，一批队员被编入

粤赣湘边纵队番禺独立团第二营，协助纵队主力解放番禺市桥，并承担剿匪清霸工作。

然而遗憾的是，由于缺乏明确的记录，新村妇女会、青年团、联络员和交通员均未留下具体的成员名单。

《越氏族谱》编写组成员越步生，多年来坚持不懈地走访当时在世的越姓战士及已逝世战士的后人，将所知的人和事完整记录下来，这份手稿成为厘清新村越姓战士革命事迹和人生轨迹的重要材料。以下内容均摘自其晚年的手稿。

越敬派：新村革命根据地的重要领导人之一，曾任新村农会和起义委员会第一任主席，嘉禾武工队队员。1949年10月17日，奉命返回禺北从事建政工作，月底参与接收地方政权，并出任均和乡乡长。1952年调往番禺县沙湾区领导土地改革工作，此后相继担任沙湾区区长、湾头人民公社党委书记、番禺县委组织部副部长等职，20世纪80年代在县总工会主席岗位上离休。

越敬开：1952年退役后回乡务农，此后任基层干部，20世纪70年代调公社蔬菜办事处。

越烈昌：退役后回乡担任基层干部，人民公社时期任公社蔬菜办公室果树办主任，在居委会主任岗位上离休。

越协星：退役后调任土改武装工作队队长，后来调入番禺县武装部，历任某厂长、县革委会委员，在县工业局局长任上离休。

越广台：退役后回乡务农。

越汝铿：退役后回乡务农，历任农会干事、贫协主席、生产队基层干部。

越荣健：退役后回乡务农，人民公社期间，响应石井兴隆围荒地开发而迁出新村，在垦区任基层干部，70年代迁回新村。

越润松：退役后调入番禺县武装部，任土改武装工作队队长，因公伤残后回乡从事后勤工作。

越润保：退役后调任江高民生银行行长，因专业不对口选择回乡任基层干部。1954年，禺北大旱，越润保以身作则，带头抗旱，成绩显著，被评为“老区战士抗旱第一线模范”。

越容继：退役后回乡务农，长期担任农村基层干部。

越良柱：退役后回乡任农会基层干部，1961 年任新科大队（后改为红卫大队）党支部书记，1976 年调公社工业办，在建材厂厂长位置上退休。

越敬辉：退役后回乡务农。

越润煜：退役后回乡务农，长期担任农会、贫协主席等职。

越例全：退役后回乡务农，担任多届贫协主席。

越丽富：退役后回乡务农，50 年代中期移居香港经商，改革开放后积极支持家乡经济发展。

越润兴：退役后回乡务农，长期担任农村基层干部。

越耀均：退役后回乡务农，任农会干部，曾凭一手好厨艺受聘为某中学总厨。

越良句：退役后回乡务农，改革开放后在饮食服务行业创业，成为早期的老龄创业者。

越家泉：退役后回乡务农。

越良福：退役后回乡务农。

越润章：退役后回乡务农。

越容斯：退役后回乡务农，长期担任基层干部。

越丽水：退役后调入江门市委工作，职务不详。

越丽江：退役后调入佛山地委工作，再调江门市委，职务不详。

越丽垣：退役后回乡务农。

越丽泉：退役后调广州郊区水利会工作至退休。

越丽燊："红小鬼"通讯员，番禺独立团小战士之一。1953 年转入志愿军，曾参与上甘岭作战，回国后转业至江门市政府相关部门工作。

越德安：华工出身，曾任均和乡乡长、新村小学荣誉校长。深明大义，支持新村的红色政权建设，曾任新村革命根据地通讯员、联络员，解放前夕帮助组织策反一批地方官员和旧军官。

越礼荣：越南归侨，新村革命根据地小通讯员之一，以"红小鬼"身份参加番禺独立团，退役后回乡务农，长期任农村基层干部。

越社桃：1950年至1953年任长新乡党支部书记，1958年调入郊区供销部门，在主任位置上退休。

越锡明：退役后回乡务农，长期任农村基层干部，在公社农科站工作至退休。

（注：因年代久远，部分信息可能存在纰漏）

NO. 17
DATE

本文表彰的近现代人物，都出于草根基层，他们不算是饮誉中国近代史的响当当人物，却是推动历史的无名英雄，没有这样的平民英雄，中国近现代的革命就不一定成功。首先，笔者以历史阶段的人和事，介绍中国革命成功的草根英雄：草根英雄首先是无条件付出，默默无闻于时代的乡村平民。几十年过去了，也许没有多少人能记忆起他们，没有这些平民英雄的努力，也就没有今天祖国之强盛。

1948—1950年的新村是革命老区，红色政权的建立首先体现建立了农会、武装起义委员会、武工队、民兵组织及妇女会。在上级粤北党委的领导开展斗争工作，联系外围建立统一战线，配合广州东北郊游击大队打击敌伪政权。新村革命老区的革命成员大都带有家族式，故能团结可靠，同心同德，目标一致。如：

越敬派、越敬开、越敬辉、越广台、越良柱、越良句，还有后期的年轻人越广松都来自同一房支家族。越润松、越润保、越润煌都是同房支的堂兄弟；越例全、越良福、越润章后来加入的越礼荣来自同房支的堂兄弟。越丽梅、越丽泉、越丽江、越丽水、越丽葵是同胞亲兄弟，以上人员都是家族式的参加地下革命，只是参加的时间有先后之别。

老区核心力量首批名单有（1948年）：

党小组及武工队领导人　越敬派；

民兵队长　越快军；

农会及起义委员会主席　越烈昌、越敬开；

队员包括越敬派、越快呈、越烈昌、越敬开、越广台、越汝鉴、越润松、越润保、越容继、越荣健、越良柱、越敬辉、越润煌、越例全、越丽泉、越丽富、越润光、越焕均、越良句。

图 A-1　越步生手稿（1）

NO. 18
DATE

第二批队员名单（1949年）：

越家泉、越丽水、越良福，越润章，越容斯，越世友，越丽江，越社桃，越锡明，越丽垣，越丽燊，越礼蒸

这两批队员都编入广州东北郊游击纵队，广州解放前夕编入人民解放军番禺独立团进入市桥担任剿匪清霸工作。

妇女会，没有留下成员名单：

共青团，没有留下成员名单；

联络员、交通员，没有留下具体名单。

解放战争时期的小小新村革命根据地后来得到了广东省人民政府核准，评定为解放战争时期的革命老区。本世纪初，笔者决定调查取证那段历史往事，可是大多人已经年迈作古了，笔者坚持不懈地走访在生的当事人，实行一一追踪访问。将所知的人和事记录整理下来，缅怀历史。

越敬派，新村革命老区的主要领导人之一，1949年10月14日广州解放，17日奉命回番北区从事建政工作，开展接收地方政权，任均和乡乡长。1952年调番禺县沙湾搞土改，任沙湾区区长。人民公社年代任湾头公社党委书记。后任县组织部副部长，县总工会主席岗位离休，住老干退休所，2013年百岁大寿后去世。

越敬开：1952年退役后回乡务农，历任基层干部，七十年代调公社蔬菜办事处，直到任上去世。

越烈昌退役回乡后任基层干部，人民公社时期任区公社蔬菜办公室，果树站主任，居委会主任上离休，公元2千年去世。

越快星，退役后调土改武装工作队队长，再调县武装部。历任某厂长，县革委会委员，县工业局局长任

图 A-2 越步生手稿（2）

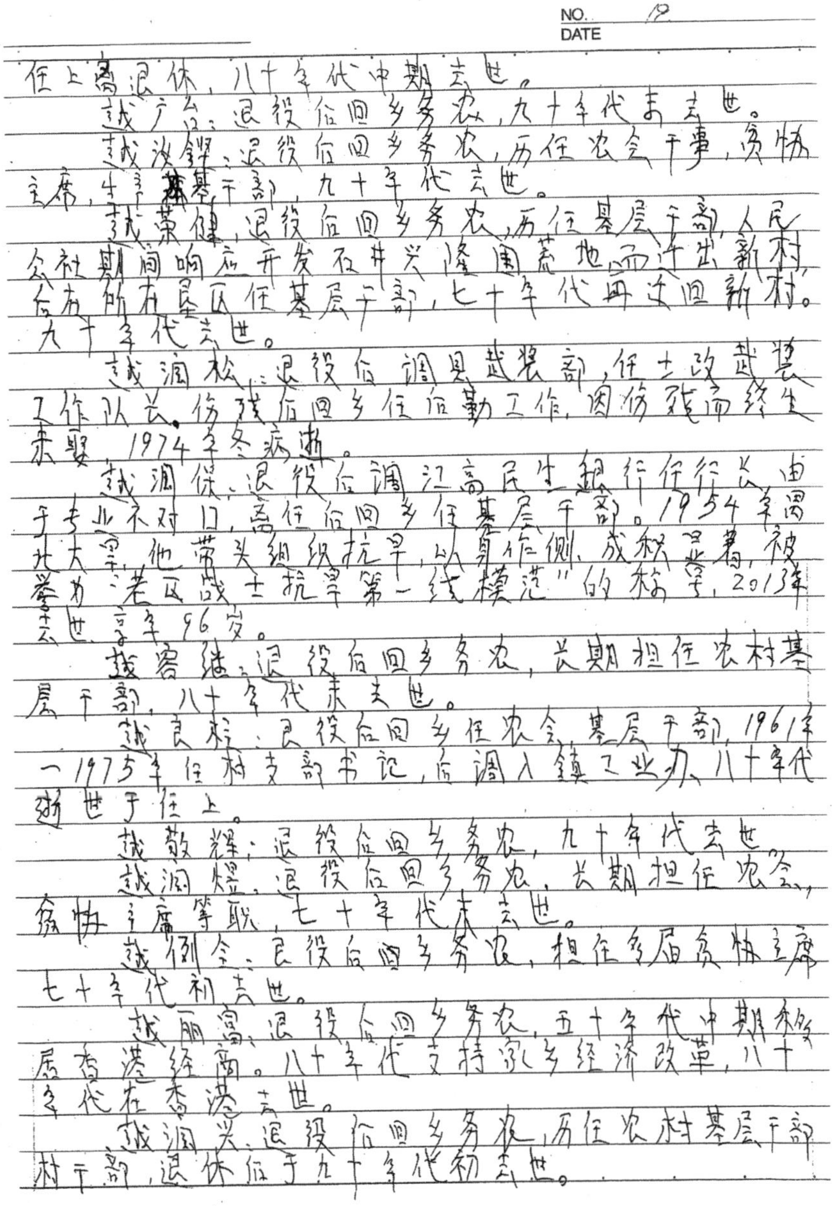

NO. 12
DATE

任上离退休，八十年代中期去世。

越广公：退役后回乡务农，九十年代末去世。

越汝铎：退役后回乡务农，历任农会干事，贫协主席，生产基层干部，九十年代去世。

越荣健，退役后回乡务农，历任基层干部，人民公社期间响应开发石井兴隆围荒地而迁出新村，后为所在县区任基层干部，七十年代再迁回新村。九十年代去世。

越润松：退役后调县武装部，任土改武装工作队长。伤残后回乡任后勤工作，因伤残而终生未娶，1974年冬病逝。

越润保、退役后调江高民生银行任行长，由于专业不对口，离任后回乡任基层干部。1954年遇九大旱，他带头组织抗旱，以身作则，成绩显著，被誉为"老区战士抗旱第一线模范"的称号，2013年去世，享年96岁。

越容德：退役后回乡务农，长期担任农村基层干部，八十年代末去世。

越良彬：退役后回乡任农会、基层干部，1961年—1975年任村支部书记，后调入镇工业办，八十年代逝世于任上。

越敬辉：退役后回乡务农，九十年代去世。

越润煜，退役后回乡务农，长期担任农会、贫协主席等职，七十年代末去世。

越例全：退役后回乡务农，担任乡届贫协主席，七十年代初去世。

越丽富，退役后回乡务农，五十年代中期移居香港经商。八十年代支持家乡经济改革，八十年代在香港去世。

越润兴、退役后回乡务农，历任农村基层干部、村干部，退休后于九十年代初去世。

图 A-3 越步生手稿（3）

NO. 20
DATE

越光大均：退役后回乡务农，农会干部，后凭一手好厨艺受聘于某中学任总厨，退休后于九十年代后期逝世。

越良句：退役后回乡务农，改革开放后开创饮食服务业，成为早期的老龄创业者，公元二千年去世，享年90岁。

越家泉：退役后回乡务农，六十年代去世于劳疾。

越良福：退役后回乡务农，七十年代末病逝。

越润喜：退役后回乡务农，九十年代末病逝。

越容鳞：退役后回乡务农，多次担任基层干部，九十年代初去世，享年九十岁。

越丽水：退役后调入江门市委工作，离退后逝世，时间和职务不详。

越丽江：退役后调入佛山地委，再调江门市委。离休后住老干所，逝世时间不详。

越丽桓：退役后回乡务农，九十年代病逝。

越丽泉：退役后调广州郊区水利会，工作到退休，九十年代初病逝。

从新村走出去的当年武装起义战士还有许多人，笔者苦于手头上没有第二批、第三批起义战士的名单而不能列入光荣榜，笔者在此一一致歉。以下将要介绍已知的当年交通员、联络员、红小鬼的部份信息了。

越丽燊：当年的小鬼队通信员，也是解放军番禺独立团的小战士之一。1953年后转入志愿军接防上甘岭防区，回国后转业江门市任职。任政府办公室主任，档案局局长等职，现已离休。

越德安：华工出身，知明开明人士，曾任旧政府乡长，村长，新村小学荣誉校长，新政权的统战对像。越德安光明磊落，大力支持新村革命老区的红色政权建立，解放前夕策反一些地方官员，旧军官，响应南下大军解放广州，是新村红色根据地的通信员，联络员。

图 A-4 越步生手稿（4）

NO. 21.
DATE

之一，可参考前文《爱国侨领》一文，人民公社化后逝世。

越礼荣：越南归侨，当年的小通信员之一，以红小鬼的身份入伍参加独立团，退役后回乡务农，多次任农村基层干部，本世纪零九年病逝。

补充：

越社桃：首批的起义战士，广州解放后调任基层干部，1950年—1953年任兴新乡党委书记，1958年开始调八家区供销部门，主任位置退休，本世纪初去世。

越锡明，退役后回乡务农，任多届基层干部，后调公社农科站至退休。

上世纪的五十年代初，当年的起义小战士，红色通信员也成长起来了，他们先后分别参加中国人民志愿军的轮换接防。只是朝鲜战争已经结束，感受战争，支援他国的恢复建设同样重要。他们是越丽荣、越广松、越伟信、越润时。他们都没有直接参战的机会，停战对每一个战士来说都是宝贵的，千万的人谁愿意战争呢？

图 A-5　越步生手稿（5）

附录二　革命斗争回忆摘编

新村革命根据地，是中国共产党人在领导人民群众推翻帝国主义、封建主义和官僚资本主义三座大山，追求民族独立和人民解放的伟大斗争中建立起来的革命根据地之一。解放战争时期，中共番禺县工委先后派出一批党员到此地，深入发动农民群众，发起成立地下农会、起义委员会、妇女会、青年团等革命组织，发起反对国民党反动当局“征兵、征粮、征税”的反“三征”斗争。嘉禾新村人民亦将自身的命运与中华民族、中国共产党的命运紧紧相连，与中国共产党人、民主党派进步人士一起同反动势力进行了顽强英勇的斗争，为广州解放作出了不可磨灭的贡献。本节收录数篇曾在新村开展过革命工作的中共党员和民主党派成员的回忆文章，以求反映真实历史原貌。

关于广州东北郊（原禺东禺北）党组织情况的一些回忆[1]

陈康[2]

（一）

为了配合南下大军，迎接广州解放，1949年4月间，中共番禺县工委决定，立即在广州东北郊（原禺东禺北）成立中共禺北独立区委，放手发动群众，迅速组建广州东北郊人民游击队和直接领导武装斗争。其活动范围包括禺北、禺东地区，以番（禺）、增（城）、从（化）三县边界地区的帽峰山区为主要活

[1]　中共番禺市委党史研究室编：《解放战争时期禺东禺北革命斗争史实》，内部资料，1999年，第11-25页。

[2]　陈康于1946年6月在中山大学加入中国共产党。此后先后在从化从城中学、番禺谢村、增城唐美村等地从事地下革命斗争工作。新中国成立前任中共禺北独立区委组织委员、中共禺北平原区委书记、中共禺北中心支部书记，1949年5月起在广州东北郊人民游击队负责地方党组织工作。

动基地。

中共禺北独立区委成立于 1949 年 5 月。区委书记是徐幽明同志（中共番禺县工委委员），兼广州东北郊人民游击队政委。武装委员李汉光担任广州东北郊人民游击队队长。组织委员两人：①陈明负责部队组织工作，担任游击队政训室主任；②陈康负责地方党工作。宣传委员周伯尧，兼任游击队副队长，主管财粮后勤工作。

1948 年 8 月，为了加强地方党工作，以便更好地配合和支持武装斗争，在禺北独立区委领导下，中共禺北平原区委成立，统一负责禺北禺东平原区地方党工作。区委书记由陈康同志兼任，组织委员赵仲垣，宣传委员郑英。

广州东北郊人民游击队成立后，主力部队分为三个区队。先后调入部队和山区的党员有徐幽明、李汉光、陈明、周伯尧、罗雨、马秀明、李活洲、郑甸奕、龚彦平、岑干强、岑家宜、岑满溪、黄镇邦、袁江、温露、阮洪等。除了三个区队之外，禺北、禺东又分别建立了几个武工队。这几个武工队中的党组织机构和党员名单如下：

嘉禾武工队：建有党小组，党员有司徒彤、越敬派、黄柏容、黎志成等四人。小组长司徒彤。

扒沙井武工队：有党小组。党员有罗杰、周棠、周庚容、陈晋容、陈燕芳、周福胜、郎瑞琼、周金煌、周海瑞、阮洪（后调山区）。小组长罗杰。

石井武工队：党员有刘润、刘户安、刘忠甫。小组长刘润。

禺东武工队：党员有赵仲垣、袁江、蔡铭源、李光磊、梁明、梁容毕、招新等。小组长赵仲垣。

冼村武工队：有党小组，党员有梁池、简应、冼全、冼八等。小组长梁池。

良田武工队：党员有龚彦平、陈学初（以后均调入部队）。由龚彦平负责。

沙河武工队：党员有陈鹏、黄子衡。由陈鹏负责。

在中共禺北独立区委及禺北平原区委的领导下，七、八月份按地域先后建立以下各支部：

1. 禺北中心支部，以上、下新村为中心，其活动范围是广花公路两侧的乡村，即原嘉禾乡、仁风乡、鸦湖乡、蚌湖乡、均和乡、同文乡及太和乡南部。支部书记陈康(兼),副支书司徒彤,支委罗杰、罗雨、黄定中、越敬派、周棠等。

2. 禺北良田支部,以良田为中心,活动范围包括良田、竹料、钟落潭等乡及太和乡北半部。支部书记龚彦平。

3. 西一片石井恩洲支部:活动范围是石井乡、佛岭乡、恩洲乡(属南海飞地)。支部书记郑英(兼),支委有刘润、陈焰中、伍若冰。

4. 禺北西二片支部:党员有林举雄等。活动范围是江高镇禾风乡等乡镇。

5. 禺东支部:以东圃为中心,其活动范围包括禺东各乡镇。支部书记是赵仲垣,支委有袁江、陈汉华、梁池、梁明等。

当时党员人数及其分布情况:

在禺北方面:

上新村:黄定中、越协星、越润保、越润松。

下新村:司徒彤、越敬派、黄剑深。

大圳口:罗杰、周棠、周福胜、周庚容、周金煌、周海瑞、邝瑞琼、阮洪(后调山区)。

石坑:陈晋容、陈燕芳。

集贤庄:黄柏容、黎志成。

马市岭:周伯尧、朱融、何柏林、何水池、何炳灿、何华燊。

石湖田心庄:林举雄(原在江村水沥村)。

石马村:陈宜景、陈佩英、曾一平。

良田:龚彦平、陈学初(以后均调往部队)。

飞鹅坑:郑甸奕。

石井古料村:郑英、林凤翔、卢筱玲、伍若冰、汤子植、陈焰中。

北村:董昭明、林剑煮(后调至嘉禾乡望岗村)。

石井圩及亭岗:刘润、刘户安、刘忠甫。

夏良永泰庄:赵端(后调往石井)。

沙河:陈鹏(原在江村西湖庄)。

榕树头：黄子衡、李活洲（后调部队）。

三元里：党员二人（忘记姓名，在一个医务室工作，后转属广州市）。

禺东方面：

沙浦：陈汉华、岑干强、岑家宜、岑满溪（岑氏三人后上山参加部队）。

东圃：赵仲垣、蔡铭源、李光磊、冯文芳、陈楚洁、陆素、梁广富、黄镇邦、潘巨深、梁道、郝励坚。

员村：袁江。

菱塘：梁池。

新塘：简应、杜平。

长湴：梁明、梁容毕、招新。

黄陂：龙广细。

冼村：冼全、冼八。

此外，在广州市内永汉路（今北京路）的地下联络站陈富元笔店有党员徐觉。原在耙沙井村从事革命活动的党员李汉光、吕任远和在大圳口村的党员黎荣民（即黎春华），这时因有新任务均已离开该村。

（二）

中共番禺县禺北独立区委建立后，做了大量工作，其中主要的有下列各项。

一、建立广州东北郊人民游击队，迅速开展武装斗争。

解放大军渡过长江后，国民党已陷于土崩瓦解的绝境，但是，他们仍妄图以广州为中心，收集残兵败将作最后挣扎，退而可以掩护其残部向台湾撤退。为了打击敌人，迎接广州解放，在中共番禺县工委领导下，利用我党在禺北、禺东长期工作的基础，经过一番艰苦努力，广州东北郊人民游击队迅速建立起来，开展武装斗争活动。

1949 年 4 月间，李汉光同志在太和坪西南的大圳口等村，从我党领导的禺北“农民解放大同盟”中，发动了十多个青年农民，并从公尝中取得一批长短枪，组成队伍，开进帽峰山区的大源洞、桃陂洞大船坑一带活动，号召群众起来反对国民党的“三征”暴政。很快就发展成一支三十多人、二十多支枪的队伍。另一方面，在禺东的沙埔村，经党员陈汉华同志的长期教育工作，终于在1949年7月，该村党员及农民积极分子十一人，组成一支机枪一挺、步枪七支、短枪两支的队伍，由岑干强同志率领，到达帽峰山区与李汉光同志所属部合并，建成了广州东北郊人民游击队第一区队，由岑干强担任区队长。

民盟及农工党在广州东北郊的负责人梅日新同志，根据其上级指示与我们合作。在我党领导下，他们的一部分组织成员和群众二三十人并枪支集中起来，开往帽峰山区的大源洞一带活动。广州东北郊人民游击队第三区队在此基础上成立，中共番禺县工委任命梅日新为广州东北郊人民游击队副队长兼第三区队长。

1949年8月间，中共党员陈学初、龚彦平两同志在禺北良田村，集中数十人带轻机枪两挺开上帽峰山，建成了第二区队，陈学初任区队长。

广州东北郊人民游击队建立后，边巩固提高，边扩大队伍。部队在山区最多人数时曾达到二百余人。先后在大源洞、钟落潭与良田之间和广汕公路上进行过三次战斗，打击了国民党征粮队及国民党警察和战斗部队。此外的工作是深入宣传、组织群众。

在广州东北郊人民游击队的建立和发展的同一时期，在三个区队主力部队之外，各地又先后建立了几个武工队：

1. 嘉禾武工队：以上、下新村及集贤庄各村为基地，活动地区广花公路沿线，队员七人，有短枪六支，手榴弹两个。

2. 扒沙井武工队：共十三人，长短枪十余支，活动于太和乡南部及白云山北麓一带地方。

3. 石井武工队：五人，长短枪五支，在番禺与南海两县交界处的石井、佛岭、恩洲乡一带活动。

4. 东圃武工队五人，有长短枪五支，在东圃、棠下、黄村一带活动。.

5. 良田武工队：七人，均有枪械，活动于太和乡、钟落潭一带。

6. 冼村武工队：六人，均有枪支，活动地区在石牌、冼村一带。

7. 沙河武工队：下分长湴、同和及沙河三个武工组，共二十余人，多数人有枪支。

这些武工队均由一两个老党员或知识分子党员担任正副队长，活动于平原区，是广州东北郊人民游击队的一个组成部分。主力部队和各武工队共有队员三百多人。

武装斗争的开展，使我党在禺北、禺东的斗争进入一个新时期，从过去隐蔽工作、积蓄力量、等待时机的方针，发展到直接武装斗争，带动了各项工作的开展。

二、在开展武装斗争的同时，大力开展宣传工作，大造革命声势，扩大我党的政治影响。

宣传工作，着重做好以下几方面：1. 揭露美蒋政权的反动性、腐朽性及其凶残性，是人民痛苦的根源，不打倒它，人民就不能翻身；2. 宣传解放战争的大好形势，指出国民党已陷于绝境，号召人民起来支援部队，准备迎接南下大军；3. 宣传广州东北郊人民游击队的建立，号召群众参军；4. 号召群众反“三征”；5. 宣传党的政策，警告那些胆敢作恶和抗拒的反动分子，指出其出路是放下武器，转向人民，立功赎罪。

通过散发传单，召开各种会议，举办课堂、夜校、晚会及武装宣传等等形式，提高群众觉悟和对形势的认识。1949 年 6 月初的一个晚上，游击队在禺北的八九个圩市同时散发传单，宣传广州东北郊人民游击队的建立及其任务，号召群众起来斗争，在社会上造成一次很大的政治震动，效果很好。

三、加紧建立和发展群众组织，逐步掌握村政权。

在开展武装斗争的同时，我们深入地发动群众，建立和发展群众组织。除一些村庄已于 1948 年或 1949 年初成立农会或起义委员会、妇女会等革命群众组织外，从 7 月份开始，在有党、团员或武工队所在的村庄，扎根串连，由小到大，建立地下农会或贫农团或农民起义军，或解放委员会，慎重而积极地分批吸收本村群众入会。地下农会是农民群众的组织，农民起义军是带武装性的农民组织，解放委员会的入会成员则广泛得多，包括一些知识分子和上层开明人士，凡拥护共产党，赞成打倒美蒋政权，为人民解放而出力的人都可以参加。有贫农团或地下农会的地方，他们就成了起义委员会的主力。

禺北南村、大圳口等地建立一些妇女会，禺东的棠下、上社、车陂、岑村等地成立由十人至三四十人不等的“农民起义军”。

在全国大好形势推动下，以及当地武装斗争的影响和协助下，至1949年8、9月间，解放委员会的组织发展很快，已成立群众组织的村则派人到邻村去发动群众，组织起来；也有些村庄主动要求派人前去协助建立组织。当时不少村庄入夜就举行解放委员会的组织活动。尤其是从沙河至榕树头的广从公路两侧群众工作基础网较好的村庄，甚至白天也敢召开群众大会了。据统计，单在禺北平原区，已经有五十多个村庄建立了此类群众组织。计有地下农会二十多个，解放委员会四十多个，其中有些村是两种组织都建立起来。

这些群众组织建立之后，在发动参军、筹粮、筹款、筹枪、搜集情报、建立交通网、充当向导、瓦解敌军等工作上都做出不同程度的成绩。特别是在白云山南北麓及禺东长湴、岑村一带地方，做得更为出色。可以说，当时有一部分村庄的政权，实际上已归我们掌握了。

四、努力开展统战工作，增加社会助力，壮大人民力量。

部队的建立，是我们与民盟和农工民主党真诚合作的成果。农工民主党梅日新同志遵从其上级指示与我们合作后，服从我党领导，很快就建立了广州东北郊人民游击队第三区队。同时我们又利用他们在白云山南北两侧及帽峰山一带地方长期工作的基础，开展工作较为顺利。

做好乡村上层人物的统战工作，对于我们打开工作局面、建立据点，具有十分重要的作用。例如，学校校长职位的争取、教师的聘用、来往工作同志的掩护，动用公家的枪械、粮款，往往都与村里上层人物的支持有关。做好他们的工作，就会带来不少的方便。相反，有些村庄没有打开局面，其原因虽是多方面的，但是与缺乏统战工作有很大关系。

当时，郑英同志在统战工作上是很有成绩的。他是禺北“剿匪司令”伍观淇的“参议”，与伍关系很好。他就利用这种社会地位经常携带宣传品及枪械出入于禺北与广州之间。他又利用与石井乡乡长张文在伍观淇部是同事的旧关系，取得石井乡中心小学（在古料村）校长的职位。然后从中安排我们的人员做校职员工，将这个学校变成我们可靠的阵地，在校内外发展革命势力。中共禺北平原区区委会议经常在此举行。他又通过古料中心小学的关系，逐步派人将周围村庄的几间小学掌握起来，周围的各村庄连成一片，变成了我们的据点群。石井乡离广州不远，古料村又是张文的家乡，社会情况甚为复杂，土匪及反动势力很强。可是我们不但能站得住，而且工作发展很快。可以设想，如不是利用统战关系，不是取得张文某种默许，这种局面是很难出现的。

又如嘉禾乡下新村的越德安，本属该村的上层实力派人物，经过我们教育之后，他积极支持和掩护我们的工作，当了我们游击队的联络员，帮助我们去串联别村的上层人士，便于我们扩大建立周围村庄据点。他掌握着公尝，一次就向我们借出稻谷三千斤，拿出村里长短公枪共九支。学校这个阵地也交由我们安排活动，而他仍当挂名校长，处处方便我们。有一次，国民党派军队进村搜查，他一方面通知我们的同志转移，同时又出面应付敌军，结果终于平安无事。我们武工队的同志及一些同志的家属在该村居住也得到了他的掩护。该村虽小，却成为我们的一个重要据点。从这里也可以看出统战工作的重要。

在禺东，一些乡村的保长成了我们的“保护伞”，有一个村庄解放委员会的成立大会就是在一个保长家里举行的。禺东解放委员会的几个成员，有一部分是民主人士。禺北、禺东的两个油印室甚至都是分别设在当地保长的家里（其中一个是地下党员），甚为安全。

做好国民党部队中某些上层人物的统战工作，更具有特殊的作用。1949 年 6 月，国民党广州警备司令部第一总队第三大队及独立第十中队的总部设在沙河。农工民主党成员赖祥辉和江坤分别担任大、中队长。当时我们派出陈鹏同志前去担任该两部（实际一套人马）文书，从中具体掌握工作，以便共同行动。由于具有巩固的统战关系，该两部实际变成为我们办事的机构。他们把大、中队人员佩戴的胸章、臂章暗中送与我游击队使用，并赠送一批武器弹药和药品给我部，还转送一批人员上山参加游击队。有一次其“上级”命令该两部“进剿”

我山区队伍，陈鹏即与江坤亲自乘出租小汽车到太和坪，将紧急情报送给我部，待我们的队伍转移后，他们才假装进山，乱放一阵枪，便权作“进剿”，以后受到上级追查时，他们又编造了一套理由顶了回去。不久这支队伍被广州警司勒令解散，江坤等又集资在沙河开设白云酒家作为交通站，继续与我们合作。

在沙河，我们对国民党警察的策反工作也做出了成绩，他们在广州解放前夕，接受了我们的指挥。

我们同志利用亲戚关系，争取了一个华侨家属。她一次就向我们借出三千港元。至于利用其他各种社会关系，筹集到给部队的款项物资药品也为数不少。

五、加紧建党工作和培养工作骨干。

由于革命形势的发展和需要，发展党的组织和培养工作骨干，成了刻不容缓的任务，是推动全盘工作的关键。无论新区的开辟还是已有据点的巩固，无论是武装斗争还是发动群众，都急需不少的骨干去承担工作。当时，我们就大力抓紧解决这个问题。

6月中旬，禺北方面，第一批从广州吸收的六名大学生前来参加工作，并为他们举办了一个为期五天的学习班，经过对一些基本理论和方针政策的学习，然后分头派出工作。以后禺北、禺东又分别陆续从广州等地吸收一些青年学生前来参加工作。

边建党，边扩大队伍，具有很大的作用。在五六月份，我们从嘉禾乡及太和乡一带地方，把一批经过教育和考察的农民吸收入党，作为武工队的骨干或输送到山区的部队中去。到了七八月份，又及时将条件成熟的知识分子和农民吸收入党，为数有三四十人。党员人数增加了两倍以上，并分别建立了新的支部。如石井圩，由一个老党员发展了两个新党员之后，就组成了一个武工队。又如嘉禾武工队中发展了三个新党员，全队七人中党员增至六人，团员一人，大大加强了活力。

同一时期，我们又在青年及学生中吸收了一大批青年团员。他们大多数被派去部队中工作，有些则去开辟新的村庄据点，起了很好的骨干作用。禺北南村、北村和禺东东圃的青年团支部在散发传单、参军、捐款方面表现都很突出。

在这里要特别指出，当时的学校是我们开展工作的重要阵地。禺北、禺东的一部分学校中，有我们的党员在长期进行隐蔽工作。党员在那里培养了建党、建团的对象，教育了积极分子，在村里及学校里都培养出了人才，而且又摸清了一些社会情况，还可以做统战工作。到了武装斗争开始的时候，我们就能更好地利用学校这个阵地，使它发挥更大的作用。

（三）

优良的党风和高度的革命热情。

在革命斗争中，不少党员和革命同志，进行了可歌可泣的斗争活动，表现了不为名、不为利、不怕苦、不怕牺牲的精神，忘我地积极工作，至今想起了，仍使人感动和敬佩万分。不少同志终日劳碌，废寝忘餐。有一个农民出身的新党员，参加武工队后很少回家。其妻因思想一时尚未觉悟，曾先后两次寻死（经救活）表示不满。但是他丝毫没有动摇，最后终于将她教育过来。有一个刻印宣传品的年轻新党员，在暗室中夜以继日地工作，连阳光也未能多见，营养不良，面黄肌瘦，甚至身体有病发高烧，仍坚持刻写蜡纸。部队的领导干部，常常与战士在一起，赤脚上山打柴，与战士一起挑米挑水，亲如一家，同甘共苦，以革命的热情互相鼓舞。有一个党员同志敢闯“虎穴”，他曾赤手空拳地仅凭部队的一张油印宣传品，就进入当地恶势力开设的赌场征税。有一个吃自己饭而脱产闹革命的党员，靠妻子耕田供应全家，他则充当平原区和山区部队之间的交通员，带人上山下山，运送文件、枪械药物，无论日夜照样爬山越岭，可谓风雨无阻，安全可靠。

在党员无私的带动下，我们的革命队伍燃烧着炽热的、高涨的革命热情。不少同志除了一身衣服之外，别无他物，衣服夜洗日穿。为了完成任务昼夜奔驰，三饥两饱不知艰苦为何物，一心想到的就是工作。有一个农工民主党的同志来到部队后，从他们私人经营的打石场中提款作为革命活动经费。人们赞扬他是带着脑袋、背着钱袋来参加革命。

有的青年学生一踏出大城市的校门，就进入广州东北郊的山村。他们面对艰险的环境，始终埋头苦干。可以说，在这一段时间里，我们没有发现过因害怕而发生动摇离队的人。连在校的学生中，也有人将金戒指献给部队。

在这里再提一下禺北南村的团支部，团员在散发传单、搜集情报时都很机灵勇敢。其中在广州禺山中学读书的四人，他们上山参军，还将学费共港币一千多元交给组织，帮助部队解决供给困难。

还有，也是在禺北南村，有一名妇女，名叫阿三（谢琼宽），是个华侨家属，她积极支持自己的独生子参加游击队。她曾多次在家中收留掩护我们在别处站不住脚的同志，遇到有些同志病了，又多方面照顾，端汤端药，视如家人。

当时，禺北、禺东地方，距广州近，是敌人在南方统治中心广州的郊区，情况复杂艰险，我们的同志能够安全地进行活动，是与群众的支持和掩护不可分的。否则，我们这些“陌生人”将会寸步难行。然而，如果缺乏优良的党风，没有党在群众间的威望，没有与群众之间的鱼水关系，同志们安全活动的场景将是很难想象的。

党的优良作风和那个时代革命者的豪情壮志，对于今天的我们应该有强烈的感染作用，它该鼓舞着我们为共产主义事业奋斗不懈，继续前进。

1986 年 12 月 8 日

解放战争时期禺北游击根据地——新村[1]

陈康　司徒彤　越敬派

抗日战争胜利后，中国共产党、中国民主同盟和中国农工民主党的地下组织都先后派遣一批同志到禺北地区，以学校为基地，以教师身份为掩护，开展地下工作活动，发展革命力量，建立统一战线。1948 年人民解放战争已进入了战略反攻阶段，国民党反动派为了挽救败局，力图把广东变为内战的最后基地，在广州及郊区各县大肆捕杀共产党人和革命群众。7 月 2 日番禺禺北马市岭等 7 所小学 9 位从事革命活动的教师黎荣民（即黎春华，中共党员）、李汉光（中共党员）、吴锦华（农工民主党员）等被捕。同年 8 月，遵照中共番禺特派员周健夫同志关于迅速恢复被破坏的据点的指示，党员周伯尧、朱融到马市岭小学，司徒彤到新村小学任教，任务是深入发动群众，建立革命据点，开展武装斗争。随后，黄炳才、黄剑深、黄定中、华根堃、罗雨、胡荣干等先后到新村协同工作。

新村位于广花公路东侧，分为上、下新村，是广州近郊村。前约三里是磨刀坑、集贤庄，再往前数里是三元里、牛栏岗，均为鸦片战争时期三元里抗英的主要战场。该村村小人穷，只有几户富农，几户中农，其余全是贫雇农。全村没有一个大学生，读中学的也寥若晨星。广州沦陷期间，日军在新村附近建立飞机场，强行侵占了新村四百多亩田地，任意枪杀村民。一九四五年农历三月二十九日，美军飞机轰炸机场，殃及新村村民，全村被炸死 39 人，伤 44 人，屋毁近半。抗战胜利后，新村要求收回被机场占用田地，又遭国民党反动派无理拒绝，失去土地的村民，无以为生，朝不保夕，渴望改变现状。因此新村农民从历史上和现实生活中，都有反帝、反封建的思想基础。

派往新村的同志，他们白天在小学上课，晚上办农民夜校，还深入到农民家里访贫问苦，帮助农民重温过去反帝斗争的历史，议论眼前国民党反动派的

[1]　中共番禺市委党史研究室编:《解放战争时期禺东禺北革命斗争史实》，内部资料，1999 年，第 95–99 页。

腐败无能和横征暴敛，激发农民效法先辈起来革命。越敬派出身贫农，父亲早逝，母亲不得不携妹去了南洋打苦力工，经过启发教育，他很快接受了革命道理，参加了共产党，成为新村革命骨干。还有越敬开、越烈昌、越广台、越汝铿等19人也是苦大仇深，经过教育走上革命道路。新村很快成立了农会和起义委员会，越敬派为该两会的主席。农会成立后，领导农民进行“减租”斗争。村里耕地多属公尝，所有大小公尝的田租，约每亩200斤谷。经过农会向公尝值理进行思想教育和说理斗争后，每亩减少租谷80斤，减轻了农民的负担。农民在斗争中得到锻炼，认识到只有跟着共产党才有希望，只有将各村的农民发动起来，才有力量翻身解放。他们分别到各村秘密串联，集贤庄、磨刀坑、科甲水等村便相继成立农会。

1949年夏，中共番禺县禺北独立区委根据形势的需要，决定为了加强党的领导，把禺北平原地区划分中心片、西一片、西二片，并分别成立党支部。禺北中心片支部设在新村，支书陈康（兼），副支书司徒彤，支委有罗雨、黄定中、罗杰、越敬派、周棠等同志。还吸收了一批农会骨干入党，如新村越协星、越润保、越润松和集贤庄黄柏容、黎志成等，成为当地革命斗争的核心力量。

随着革命形势发展，禺北独立区委决定在各地建立武工队，开展武装斗争。中心支部在新村组建嘉禾武工队，队员有司徒彤、越敬派、黄柏容、黎志成、罗雨和黄炳才等七人，司徒彤任队长，配有短枪6支和手榴弹2个。武工队在新村、磨刀坑、集贤庄等地秘密隐蔽，晚上到各村庄发动农民秘密建立农会、妇女会等革命组织。如集贤庄组织的农会和起义委员会，动员了会员黎润荣借出稻谷四百斤，七九步枪一支，并动员其儿子黎斌上帽峰山加入广州东北郊人民游击队。嘉禾武工队还与广州东北郊人民游击队第三区队并肩战斗，在大源洞生俘前来征粮的国民党兵6人，缴获长枪4枝、子弹300多发。

新村在中心党支部领导下建立了“白皮红心”的革命政权。农会派骨干充当了新村保长，把政权掌握在自己手里。村里上层人士、名誉校长越德安是侨工出身，曾旅居英国当劳工，抗日战争前回国。回乡后在村中当过校长兼公尝值理，一向办事公道，且乐于助人，深得村民爱戴，是新村的实权派。他在党的教育下，积极支持革命，还担任了广州东北郊人民游击队联络员。举凡当时番禺县政府和均和乡的大小指示、密令，他都机智地敷衍了事，并迅速向地下工作同志反映。在这段时间，先后因工作关系而到过新村的同志有数十位之多，但在群众掩护下，从未出过什么问题，新村群众保护了革命同志的安全，使革命工作得以顺利进行。部队补给困难，新村农民从个人或公尝中借出粮食、枪支，向山区游击队提供了长枪 8 支，子弹 200 多发，粮食 7800 多斤。

中心支部在群众支持下，设立了地下油印室，编印革命小报、传单，宣传解放战争胜利形势和中共方针政策。这些传单、小报，由武工队、农会人员、革命群众不畏艰险地传送，并由各个据点的同志，分别在禺北各个圩镇晚上秘密散发，对鼓舞和教育群众起了很好的积极作用。区委还在新村举办学习班，培训干部。广州法商学院的进步大学生：阮洪、张拱星、林举雄、刘广华、胡荣干等人，就是由广州到新村参加学习班，然后奔赴各个革命岗位。南村团支部是禺北第一个新民主主义青年团支部，首批团员周杜南、黄炳才、周自强、周山、周烈雄等，也是在新村秘密举行入团宣誓仪式的。

新村人民在解放战争时期，在敌人眼皮下，不怕牺牲，不畏艰险，为革命作出了很大的贡献，新村确实起到了革命根据地的作用。1993 年，新村经广州白云区评划，并经省人民政府批准为解放战争时期游击根据地。

新中国成立后，尤其改革开放以来，新村起了翻天覆地的变化，新村自然村分上、下新村，共有 254 户，总人口 1053 人。新村虽是游击根据地，但村民并没有躺在功劳簿上陶醉，更没有向上伸手，四方求援，而是发扬昔日艰苦奋斗的革命精神，在党支部和村委会的领导下，凭着双手劳动和聪明才智，共建美好家园。全村现有工厂 12 间，人均年收入近万元。村民大都建了新楼房，拥有电视机 380 台，摩托车 300 辆，过上了小康生活。尤其可喜的是全村有大学生 5 人，中学生 35 人，村民正满怀豪情迈向新世纪。人们赞誉新村保持革命本色，不愧是游击根据地。

解放战争时期禺北革命根据地——新村[1]

司徒彤

1948年，人民解放战争已进入了战略反攻阶段，国民党反动派为了挽救败局，力图把广东变为内战的最后基地，在广州及各郊区县大肆捕杀共产党人和革命群众。7月2日，番禺县禺北马市岭等7所小学9位从事革命活动的教师黎春华、李汉光、吴锦华等被捕入狱。同年8月，中共禺北独立区委为恢复被破坏的据点，派遣党员周伯尧、朱融到马市岭，司徒彤到新村的小学任教，任务是深入发动群众，建立革命组织，开展武装斗争。随后，黄炳才、黄剑深、黄定中、华根堃、罗雨、胡荣干等先后到新村协同工作。

新村位于广花公路的东侧，分上下新村，是广州近郊的村落。村前约三里是磨刀坑、集贤庄，再前数里是三元里、牛栏岗，均为三元里抗英的主要战场。该村村小人穷，只有几户富农，几户中农，其余全是贫雇农。全村没有一个大学生，读中学的也寥若晨星。广州沦陷期间，日军在新村附近辟建飞机场，强行侵占了新村400多亩田地，还任意枪杀农民。一九四五年农历三月廿九日，美军飞机轰炸飞机场，殃及新村村民，全村被炸死39人，伤44人，屋毁近半。抗战胜利后，新村要求收回被机场占用的田地，又遭到国民党反动派无理拒绝，村民生活一再囿于困境，渴望改变现状，因此新村农民从历史和现实生活中，都有反帝反封建的思想基础。

派往新村工作的同志，他们白天在小学上课，晚上办农民夜校，到农民家里访问，与农民重温过去反帝斗争的历史，议论当前国民党黑暗腐败的现实，激发农民效法先辈起来革命。很快，新村成立了地下农会和起义委员会，贫农越敬派任此两会的主席。农会成立后，领导农民进行减租减息的斗争。村耕地多属公尝所有，大小公尝的田租，每亩约200斤，经过农会向公尝值理进行思想教育和说理斗争后，每亩减少80斤，减轻了农民的负担。农民在斗争中得到

[1] 司徒彤：《禺山秋耕集》，广州：中山大学出版社，2001年，第366-368页。

锻炼，认识到只有跟着共产党才有希望，只有将各村的农民都发动起来才有力量翻身解放。他们秘密串联，集贤庄、磨刀坑等村庄均相继成立农会。

1949 年初，中共番禺县禺北独立区委根据形势发展的需要，一是把禺北划分为中心区、西一区、西二区，分别成立支部。禺北中心区党支部设在新村，吸收了一批农会骨干入党，有新村越敬派、越协星、越润保、越润松，磨刀坑黄柏容，集贤庄黎志成等，成为当地革命斗争的核心力量。二是各区建立武工队，开展武装斗争。中心区党支部在新村组建武工队，有队员 7 人，短枪 6 支，手榴弹 2 个，队长司徒彤。武工队在新村或磨刀坑、集贤庄等村秘密隐蔽，晚上到各村庄发动农民建立农会、妇女会等；还与广州东北郊人民游击队第三区队并肩战斗，在大源洞生俘前来征粮的国民党兵 6 人，缴获长枪 6 支，子弹 300 多发。

新村在中心区党支部领导下建立了“白皮红心”的革命政权。农会派骨干充当新村的保长，把政权掌握在自己的手里。村里上层人士、名誉校长越德安，一向办事公道，深得村民爱戴，是新村的实权派。他在党的教育下，积极支持革命，担任了广州东北郊人民游击队的联络员。举凡番禺县政府和均和乡公所的大小指示和密令，他们都敷衍了事，并迅速向地下工作的负责同志反映，保证了革命同志的安全，使革命工作得以顺利进行。部队补给困难，新村农民从个人或公尝中借出粮食、枪支、子弹支持部队，还向山区游击队提供长枪 6 支、子弹 260 多发。中共禺北独立区委还在这里秘密设立油印室，农会会员和革命群众不畏艰险传送传单。南村团支部是禺北第一个新民主主义青年团支部，首批团员周杜南、黄炳才等 5 人，在新村秘密举行入团宣誓仪式。新村是禺北的一个重要据点，因工作关系先后到过新村的同志有数十位之多。他们在群众的掩护下，从未出过问题，新村确实起到了革命根据地的作用。1993 年，由广州白云区评划，并经省批准，新村被定为解放战争时期的革命根据地。

（本文由司徒彤与陈康、越敬派合作撰写，曾刊于《番禺报》1994 年 3 月 25 日）

在禺北新村工作的回忆[1]

越敬派

在20世纪40年代后期的国内解放战争中，中国共产党人把我教育、培养成为一名中国共产党党员，我曾担任新村党支委和新村农会、起义委员会主席，为党和人民的事业献出了一份绵力。

听党话　投身革命

我的家乡新村有一部苦难的村史。我于1914年出生在番禺县禺北下新村（现为广州市白云区均和街新科村）。该村位于广花公路东侧，分为上、下新村，是广州的近郊村。周边的乡村如磨刀坑、三元里、牛栏岗等是鸦片战争时期抗英的主要战场。日军侵华，1940年广州沦陷期间，日军强占了新村400多亩田地建了一个飞机场。还先后将上新村村民越润畅、越润恢、越润湖、越湛枝拉往山头杀害，将下新村村民越良灿在机场边枪杀，又将一妇女轮奸。一九四五年农历三月二十九日，美军飞机轰炸机场殃及村民，全村被炸死39人、伤44人，屋毁近半。国仇家恨，灾难深重，闻者伤心，见者流泪，村民永志不忘。

全村210多户800多人，大部分是贫雇农，没有地主，没有大学生，只有几户富农和中农。村民生活来源主要靠租种、代耕田和外出打工，吃杂粮、粗粮度日，穿粗糙的土布衣，生活异常艰难。

中国共产党指引我投身革命。在那兵荒马乱的岁月，我能够积极投身革命，是党教育和培养的结果。1947年，禺北区委周伯尧同志经常以教师的身份作掩护到我村向我和其他贫苦村民宣传革命道理。接着，县工委委员徐幽明和爱人黄剑深也到我村开展革命活动。特别是司徒彤同志于1948年8月受党派遣到了我村小学任教，以教师身份为掩护开展地下工作，发展革命力量，他年轻、有

[1] 番禺区委老干部局、番禺区关心下一代工作委员会编：《番禺老干部革命回忆录》，内部资料，2006年，第212-222页。

文化、热情。每当晚上，他深入到我家和其他贫苦人家问寒问暖，重温鸦片战争反帝斗争和抗日斗争的历史，揭露国民党反动派的腐败无能和横征暴敛；讲解穷人为什么穷的道理，指明只有跟着中国共产党走才是唯一的出路。我听了这些革命道理很兴奋、很信服。联想到自己的苦难，今后的前途，更想到民族的前途和未来，便豁出条命跟着共产党闹革命。

由于参加革命工作是秘密的，不能对家属讲，我经常整天外出，很少回家。妻子周秀苗对共产党和我不理解，反动势力又扬言要对共产党人杀绝全家。因此，她整天害怕，曾上吊寻死表示不满，幸好发现及时，用风油和烧铁镬这一土办法把她救活。我丝毫没有动摇。我妻子在司徒彤、华根堃两位同志的帮助下，经过耐心教育，逐渐理解并支持我和其他同志的革命工作。经过党的教育和实际锻炼，1949 年 3 月，我光荣地加入中国共产党。

不怕苦和险　努力开展工作

在我投身革命的期间，一方面是中国人民解放军挥师南下，蒋家王朝正在土崩瓦解，节节败退；另一方面是国民党反动派和地方反共势力垂死挣扎，梦想“确保华中，经营华南”，加紧压迫和剥削，“三征”（征兵、征粮、征税）猖獗。中共番禺县工委的斗争方针是：放手发动群众开展反“三征”斗争，积极开展游击战争，扩大武装部队，配合南下大军，迎接广州解放。这样的斗争必然艰苦和危险。我在徐幽明、周伯尧、陈康和司徒彤等直接领导下，和黄炳才、黄剑深、黄定中、华根堃、罗雨、胡荣干以及我村的越敬开、越烈昌、越广台和越汝铿等同志冒着生命危险，不怕艰难，积极地发动群众开展工作。

开展宣传，大造革命声势，扩大我党的政治影响。我们把自己编印的小报、传单分成若干个组到石井、嘉禾、龙归、均和等地张贴和散发。这些小报、传单的内容包括揭露美蒋政权的反动性、腐朽性和凶残性；宣传解放战争大好形势，迎接广州解放；号召群众反“三征”，宣布广州东北郊人民游击队的成立；宣传《中国土地法大纲》《华南局声明》等。1949 年 6 月的一天晚上，我和司徒彤同志带上手枪到均和市（墟）去张贴小报和传单。当晚 10 点多摸黑出发，赤着脚走了一个多小时崎岖小路到达目的地，把小报、传单贴上乡公所、街巷要道墙壁、店铺、猪肉档和鱼摊档，回到新村已是凌晨1点多钟。在仕功祠举办的妇女夜校是一个很好的宣传阵地。该校有30多人参加，由黄炳才、华根堃、司徒彤讲授革命形势、革命故事以及宣传《中国土地法大纲》《华南局声明》，教育妇女们只有起来革命，才能改变现状；只有组织起来，才有力量斗争。经过学习，她们大都积极支持丈夫和子女投身革命，并帮助我们开展筹款、筹粮和筹武器活动。

成立地下农会和起义委员会。地下农会是农民的群众组织，起义委员会是带武装性质的农民组织。这两会组织成立之后，在发动农民参军、筹粮、筹款、筹武器、搜集情报、建立交通网、充当向导和瓦解敌军等活动中都起着很大的作用。1948年12月，经过广泛宣传和扎根串连，在下新村仕功祠由司徒彤同志主持召开会议，新村农会和起义委员会正式成立。会议推选我为两会主席。两会成立时会员有7人，后来发展到19人，他们是：越敬派、越烈昌、越敬开、越广台、越汝铿、越容继、越丽富、越敬辉、越良柱、越良锯、越丽泉、越例全、越荣健、越耀均、越协星、越润松、越润保、越润堪、越润兴。

成立嘉禾武工队，开展武装斗争。1949年5月，禺北中心片党支部在我村成立，陈康兼支书，司徒彤任副支书，我和罗雨、黄定中、罗杰、周棠等为支委。在中心支部的领导下，根据形势的发展，我把两会工作委托越烈昌和越敬开两人负责。我和司徒彤一起秘密进行串联发动，成立了嘉禾武工队。队员有我和司徒彤、黄柏容、黎锦、黎志成、罗雨和黄炳才等7人，司徒彤任队长，全队配有短枪6支和手榴弹1个。武工队在新村附近隐蔽活动，帮助邻近各村，如集贤庄、磨刀坑、科甲水等村庄组织了农会和武装起义委员会。我们还发动黎润荣送儿子黎彬上帽峰山参加广州东北郊人民游击队，并借出稻谷400斤；在望岗南约筹得稻谷3000斤。

开展“三筹”活动（筹款、筹粮、筹枪支弹药），支援部队。我们印制了借条和收据，由共产党员和农会会员分头深入大小公尝和富裕人家，号召他们捐、借粮食、枪支支持部队。共筹得稻谷7800斤，长短枪8支，子弹260发。

其中：

下新村

公尝　仕功组　稻谷 3000 斤　七九式枪 2 支

公尝　上信组　稻谷 1000 斤

私人　越德安　稻谷 400 斤　日式手枪 1 支

私人　越广均　稻谷 400 斤　驳壳枪 1 支

上新村

公尝　杜祯公　稻谷 3000 斤　七九式枪 2 支

私人　越玉桐　七九式枪 1 支　六八式枪 1 支　长短枪子弹 260 发

这些粮食和枪支有力地支援了广州东北郊人民游击队开展武装斗争。

组织贫苦农民进行“减租”斗争。我村无地主，村里耕地多属公尝所有。大小公尝的田租太贵，水田每亩稻谷 200 斤，旱田每亩稻谷 100 斤。农民想耕田无钱无稻谷交租，生活非常贫苦。农会和起义委员会对公尝值理进行思想教育和说理斗争，统计本村大小公尝田的田地人口、数量和质量，每人平均批耕，水田每亩减少稻谷 80 斤，旱田每亩减少稻谷 40 斤，而且可以分早晚两造交租，减轻了农民的负担。农民得到了利益，都说共产党好。

做好上层人物的统战工作。做好这一工作，对于掩护据点、筹款筹粮筹武器、壮大革命力量都十分重要。越德安是归国华侨工人，回乡后曾被推选为乡长、名誉校长和公尝值理。他为人正直，办事公道，我们积极对他进行宣传教育，使他相信共产党，积极支持地下党和农会，在他掌握的公尝中，一次就向我们借出稻谷 3000 斤，长短枪 9 支，私人借出日式手枪一支，子弹 18 发。他还帮助我们串联上层人物，扩大统战效果。他挂名任校长，方便我们以学校为基地，秘密进行革命活动。他还应邀当游击队联络员，支持和掩护游击队。有一次，国民党军队从长湴村转移来新村，这时，区委陈康约了司徒彤和李活洲在新村小学的教师房间开会研究工作。我和越敬开在田间劳动，看到国民党军队数十人前往新村，便立即扛着锄头跑回村报告，通知他们赶快转移。与此同时，我们还得到越德安的大力协助，在村口为我们放风，把来不及转移的小报、传单藏在后园竹林和厕所，因而没有被敌人发现。

掩护革命活动。农会和起义委员会的成立，聚集了一批积极分子，教育和提高村里农民的觉悟，使新村成为革命的坚强堡垒，新村掩护过数十位同志的革命活动，从没出过问题。1949 年 2 月的一天深夜，新村小学的一间课室，在煤油灯前，由周伯尧监誓，司徒彤为介绍人，仁风乡南村的青年学生周杜南、周自强、周山、黄炳才、周烈雄等在这里庄严宣誓入团，成立禺北第一个新民主主义青年团支部。

此外，我们还搜集了不少情报，报告给上级党组织。

迎接广州解放

全国解放战争的形势发展很快，1949 年 4 月 21 日，毛主席和朱总司令发布向全国进军的命令；22 日，中国人民解放军强渡长江；23 日，解放南京。此时，上级党组织指示我们要组织力量，开展武装斗争，歼灭残敌，配合大军解放广州。10 月 14 日广州解放。15 日，广州东北郊人民游击队奉命接管沙河镇。17 日，我和司徒彤、陈康、刘广华、周棠、罗杰、林举维等在沙河奉命回禺北从事建政工作。10 月下旬的一天，我身穿五粒纽扣对襟唐装衫、唐装裤，赤着脚到均和乡接收工作，任均和乡乡长。1952 年，我被调去沙湾搞土改，此后，相继担任过沙湾区区长、沙头公社党委书记、番禺县委组织部副部长等职，1987 年从番禺县总工会主席岗位离休。

鉴于新村人民在解放战争中作出的贡献，1993 年，新村经广州市白云区评划，报广东省人民政府批准为解放战争时期革命根据地。

2006 年 7 月 21 日

附录三 革命先辈后人口述摘录

梅日新

图 C-1 梅日新同志

梅日新（1918—2004），广东台山人。1936 年加入中华民族解放行动委员会（中国农工民主党的前身），前往广州东北郊开展抗日民主革命活动，在同和乡、东平乡成立“广州抗日青年团”两个分团并任负责人。全面抗日战争期间，任农工党韶关市工委专任委员、粤北地区特派员，直接参与了两次粤北战役。解放战争期间，任农工党、民盟广州工委会专职委员，农工党机关报《人民报》广州版经理。1949 年，参与组建广州东北郊人民游击队，任副队长兼第三区队长。新中国成立后，曾任广州市司法局副局长、市民政局副局长、广州市政协副主席，任全国人大代表、农工党中央常委等职。

梅持平：我是梅日新、吴锦华夫妻的第四女，我叫梅持平。（我）非常崇敬爸爸妈妈的革命征程，他们从十八岁就已经参加革命，一直到离开人间，终身都在为革命奋斗。

旁白：1935 年，“一二·九”运动爆发，掀起全国抗日救亡运动新高潮。

青年学生梅日新在广州加入中华民族解放行动委员会，以广州东北郊民众夜校为据点，宣扬抗日救国思想。

梅持平：当时爸爸以教书为职业，夜晚就动员农民、群众一起学习文化知识，讲授抗日的道理。新中国成立以后，爸爸妈妈也曾经带我们去过禺北，拜访老游击队员和当地的群众。当地群众对我爸爸有很深的感情，一见到他就喊："梅先生，梅先生回来了！"

旁白：1946 年 6 月，全面内战爆发。国民党反动派在广州大肆镇压民主运动，逮捕杀害各党派人士和进步群众。梅日新等民主党派人士被迫转入地下活动，转入农村作长期斗争。1948 年禺东禺北"7·2"事件发生后，禺北的革命据点遭到破坏，梅日新被通缉，农工党员吴锦华、吴棣华等共九名同志被捕入狱。

梅持平：我的妈妈吴锦华和我的舅舅吴棣华因为反对内战遭国民党当局抓捕。反动派对我的妈妈进行严刑拷打，对她使用了包括夹板夹手指、竹签扎手指之类的酷刑，在这样的折磨下，我的妈妈和舅舅都没有背叛革命。当时爸爸已经转移到香港，他在一些报纸上将整件事公布出来，引发社会各界人士的同情和支持。经过组织的多方营救，我的妈妈、舅舅和其他被捕的同志都在 1949 年初被营救出来。

旁白：1949 年 3 月，梅日新返回禺北，参与组建广州东北郊人民游击队，全力组织支前、筹粮、扩军等工作，并配合南下大军解放和接管广州。

梅持平：这张照片（图 D-14）是爸爸和当时禺东禺北革命根据地的同志们的合影。大部分同志都变老了，有部分也已不在人世。爸爸当时是游击队区队长，带着十多个青年农民上山打游击。当时条件很艰苦，有时连鞋都没得穿。

旁白：烈士暮年，壮心不已。历经战火洗礼，饱尝岁月艰辛，梅日新为祖国奉献的热情依旧，年过古稀依然不改其志。

梅持平：20 世纪 90 年代初，爸爸向组织介绍清楚解放战争期间禺北地区建立了哪几个革命根据地，包括上，下新村和马市岭村，这些村后来都被评为了游击根据地。爸爸还召集了一百多个老同志回到禺东、禺北宣传党的政策，教导当地年轻人不要忘记这里是革命根据地。我的爸爸妈妈在共产党的领导下参加抗日战争和解放战争，尽管妈妈因此被国民党逮捕还坐过牢，他们也都毫无怨言，夫妻俩毕生从未后悔过。

（访谈时间：2021 年 9 月 22 日）

越协星

图 C-2　越协星同志

越协星（1920—1988），广东广州人。解放战争时期，受陈康、司徒彤影响参加革命，曾任新村民兵队队长。1949 年，加入中国共产党。广州解放前夕，作为向导带领南下解放军进入广州城。中华人民共和国成立后，调任番禺县土改武装工作队队长，后调入番禺县武装部，历任县革委会委员、县工业局局长等职。

旁白：抗战胜利后，国民党政府为巩固独裁统治，悍然发动内战，国民党广东当局采取了一系列严酷的措施打击广州的民主革命力量。

越愉生（越协星幼子）：当时形势十分严峻，在广州活动的共产党员被迫转入地下。陈康受番禺党组织的委派来禺北发展共产党组织，当时叫地下党。我父亲和陈康住在新村老屋，来往比较频繁，（我父亲）因此聆听了一些革命道理，成为新村最早接触马列主义的人。当时我们村很穷，虽然穷却心齐，都向往加入共产党。父亲熟悉村里的各家兄弟，所以由他牵头，团结越姓兄弟秘密成立了一个农会。当需要农会筹粮筹枪支援游击队时，大家都踊跃参与。

旁白：陈康由于身份特殊，无法经常在村外活动，于是对外联络的重任就交给胆大心细的越协星。

越洛生（越协星长子）：我们只看到父母在行动，却不知道他们是在搞地下工作，有时候外出两三天才回来，有时候每天都回来，又随时会出去。我曾经亲眼看到父亲做地下工作，在我睡觉的时候，突然发觉有股味道飘来，睁眼就看到他在房间里印刷什么东西。

越愉生：父亲跟我说过，他的革命生涯中最惊险的一次行动是送传单。我父亲把传单藏在竹篮底部，上面放上菜遮盖，挑着竹篮去广州。到接头地点时，接头人用暗语让他快点走，原来当时他已经被“黑狗”盯上了，“黑狗”就是那些国民党警察和特务。我父亲赶紧扔下菜篮拼命跑，逃跑时还将鞋子跑丢了。母亲看他狼狈地回家，就问：“鞋子怎么都不见了？”我父亲回：“算幸运了，好歹把命捡回来了。”那真是最危险的一次革命经历了。

旁白：新中国成立后的第二天，广东战役正式打响，国民党一边调集兵力垂死挣扎，一边展开针对广州的破坏计划。为了保护广州这座英雄之城，潜伏广州的地下党员组织当地向导为南下解放军部队引路，越协星便是向导之一。

越愉生：当时我父亲给解放军带路，进入广州后，一批解放军前往石井兵工厂，一批去西场的发电站，一批去市政府狙击顽敌，防止破坏。唯一遗憾的是，海珠桥被炸毁了。

越愉生：我父亲的一生兢兢业业，恪尽职守，严以律己，对子女也要求严格，我和兄弟姐妹们从小便被教育要团结友爱、互相学习。后辈们的幸福生活离不开老一辈革命者们的辛勤血汗，了解老一辈的革命事迹，传承革命精神是我们应尽的责任与义务。

（访谈时间：2022 年 6 月 1 日）

附录四　相关图片资料

图 D-1　“新科上下新村为解放战争时期革命根据地”石碑（一）

图 D-2 “新科上下新村为解放战争时期革命根据地老区”石碑（二）

图 D-3　1949 年 10 月，粤赣湘边纵队番禺独立团部分战士合影

图 D-4　番禺独立团驻地塱边村梁公祠（拍摄时间不详）

图 D-5　20 世纪 90 年代，原广州东北郊人民游击队老战士在帽峰山回忆斗争往事

图 D-6　20 世纪 90 年代，原广州东北郊人民游击队部分老战士在石船村回忆斗争往事

图 D-7　20 世纪 90 年代，原广州东北郊人民游击队老战士访问新村，在村委会办公楼前合影留念

图 D-8　20 世纪 90 年代，原广州东北郊人民游击队老战士重返新村，在新村仕功越公祠前合影

图D-9　20世纪90年代，原广州东北郊人民游击队战士与新村地下农会骨干合影

图 D-10 20 世纪 90 年代，原广州东北郊人民游击队战士与新村地下农会骨干合影

图 D-11　20 世纪 90 年代，司徒彤（左）、越敬派（中）在新村合影

图 D-12　1999 年，原广州东北郊人民游击队部分老战士合影，右三为徐幽明，右四为司徒彤

图 D-13　原广州东北郊人民游击队番禺老战士参观雕塑园（拍摄时间不详）

图 D-14 1999 年 1 月，在番禺参加“解放战争时期禺东禺北革命斗争史实”研讨会的老同志们合影

图 D-15　参加解放广州战斗的老同志合影，吴锦华（前排左三）、江坤（中排左二）、梅日新（中排左三）、李汉华（后排左一）

越敬派：把自己的一生献给党

□本报记者 王汉文 撮影报道

"在那兵荒马乱的岁月，我能够接受革命，积极投身于革命，和党的培养是分不开的。"回忆起一生的经历，91 岁高龄的越敬派颇有感慨地说，正是由于早年深受党的熏陶，他才浑身是劲把自己一生献给党，献给人民。

越老出生于广州白云区新村一个贫苦的家庭，5 岁没有父亲，10 岁时妈妈和妹妹被卖去马来西亚，他一个人过着孤苦零丁的生活。1948 年，受共产党党员司徒彤的影响，从此走上了参加革命的道路。

当时，司徒彤是以学校教师的身份从事革命活动，司徒彤利用晚上找越敬派他谈话，向他讲解穷人为什么穷的道理，指明只有在中国共产党的领导下贫苦人民才过上幸福生活。越敬派看到司徒彤身为教师拥有一份固定的薪水还能如此关系劳苦大众，用自己的薪水买粮食送给游击队，他觉得作为受苦的农民更应该起来参加革命，与司徒彤一起干。在司徒彤的指导下，他召集了本村几个最贫苦的人组织了农会，1949 年 5 月，与司徒彤一起组建广州市东北郊人民游击队嘉禾武工队，满腔热情地在群众中宣传党的政策，揭露国民党反动派的腐败，发动贫苦农民参军参战，利用农会组织为游击队捐借粮食、枪支。这年，武工队共筹措了 6 支长枪，3 支短枪，稻谷 11000 多斤，有效地支持了游击队开展武装斗争。

广州解放后，越老受党组织委派担任均禾乡乡长，1952 年调去沙湾区从事土改工作，此后，相继担任过沙湾区区长、沙头公社党委书记、番禺县委组织部副部长等职务，1987 年从番禺县总工会主席岗位离休。

越老 91 高龄了，他每天早晨 5 点起床在户外散散步，白天在家看书看报看电视，了解国家时事，晚上 9 点睡觉。由于岁数高，他一般很少到远地参加活动，但"老游击战士联谊会"组织的活动他都要参加。

2005.10.24

图 D-16 越敬派晚年接受《番禺日报》采访

图 D-17　越协星与家人合影（越协星后人提供）

图 D-18 越协星工作证（越协星后人提供）

图 D-19　中国人民解放军粤赣湘边纵队成立 60 周年纪念奖章（司徒彤后人提供）

图 D-20　粤赣湘边纵队番禺独立团战友通讯册（一九八八年）（梅日新后人提供）

后记

为深挖嘉禾新村革命根据地的红色历史，讲好本土红色故事，嘉禾街在已编绘出版连环画《嘉禾记忆》后，又组建专业编著团队，广泛搜集权威文献，走访革命后人和党史专家，梳理出这段新村革命根据地的创建和发展史，记录下革命先辈与嘉禾人民不懈奋斗、患难与共的感人故事，并邀请南方日报出版社参与策划和出版发行。

本书从策划到出版，历时近两年，离不开关心本书出版工作的各界朋友们的支持和帮助。在此期间，我们得到了广州市白云区政协张实副主席的悉心指导，广东省委党史研究室原主任、广东省委党校曾庆榴教授和广州市白云区委常委、组织部部长赵虎应邀为本书作序，中国著名古文字学家、中山大学张振林教授欣然为本书题字。新村村民和革命先辈后人也给予了大力支持，不仅为我们提供关键线索，还捐赠出不少珍贵的老物件。在此，我们致以诚挚而衷心的感谢。

红色文化资源是宝贵的精神财富，是在新时期勇担使命的精神指引。当前，我国正处于实现中华民族伟大复兴的关键时期，国家强盛、民族复兴需要物质文明的积累，更需要精神文明的升华。期望本书能起到一定的抛砖引玉、吹氧助燃作用，激励我们永葆奋斗姿态，努力创造不负革命先辈期望、无愧于历史和人民的新业绩。

由于理论水平有限，历史资料查询难度较大，编辑过程中难免会有不少疏漏和不当之处，恳请广大读者给予批评和指正。

编者

2023 年 3 月